Rhagair

Rydyn ni yng Nghymru'n ffodus. Mae gyda ni hanes sy'n mynd yn ôl yn ddi-dor am ddwy fil o flynyddoedd. Ac mae rhai o'n chwedlau ni, er eu bod nhw wedi cael eu sgrifennu'n gymharol ddiweddar, yn mynd yn ôl i gyfnod cyn-hanes, i gyfnod y duwiau Celtaidd. Yn britho'n hanes a'n chwedlau mae enwau arwyr, yn rhyfelwyr a thywysogion, yn saint a beirdd, yn dduwiau a gwerinwyr dewr. At yr enwau hyn gellir ychwanegu llu o enwau sy'n disgrifo'r wlad o'n cwmpas, ac enwau sy'n arwydd o'r rhinweddau cymeriad a fawrygwn fel cenedl. Gobeithiwn y bydd y llyfr hwn nid yn unig yn rhoi cymorth i chi wrth ddewis enw i'ch plentyn, ond y bydd hefyd yn codi cwr y llen ar gyfoeth ein gorffennol cenedlaethol.

Ceisiwyd rhoi esboniad i bob enw yn y llyfr, neu gyfeirio at rywun a fu'n dwyn yr enw yn y gorffennol, neu roi awgrym o gysylltiad daearyddol yr enw. Gwelir bod llawer ohonynt o darddiad Cymreig neu Geltaidd; daw eraill o ieithoedd eraill, ond mabwysiadwyd hwy gan y Gymraeg fel iddynt ddod yn rhan o'n hiaith. O roi'r enwau hyn i'n plant, bydd y cof am ein gorffennol yn fyw, a bydd dyfodol ein gwlad, oherwydd hynny, yn sicrach.

Mae llawer o Gymry erbyn hyn yn mynd gam ymhellach ac yn sicrhau cyfenw Cymraeg i'w plant. Gellir gwneud hyn mewn pum ffordd. Yn gyntaf gellir trosi enw Cymraeg a Seisnigwyd yn ôl i'r Gymraeg. e.e. Griffiths – Gruffudd, Jones – Siôn neu Ioan. Yn ail gellir defnyddio enw'r tad ar ôl ap neu ferch, e.e. Alun ap Dafydd. Dull arall yw defnyddio enw'r tad heb yr 'ap' neu 'ferch'. Gellir hepgor cyfenw'n llwyr a gellir defnyddio enw ardal fel cyfenw. Pam lai? Mae enwau Cymraeg fel hyn gan waith yn brydferthach na'r enwau sy'n diweddu yn y Jones, Davies, Thomas neu Evans dirif. Amser hwylus i gymryd y cam ychwanegol hwn yw adeg cofrestru'r plentyn.

HEINI GRUFFUDD

Foreword

How often do we in Wales choose for our children the fashionable names of the American or English scene, names which are out-dated by the time our children reach school age.

The names in this book will not date for as long as the Welsh language lives, and Wales exists. Some of the names are more than two thousand years old, most are over a thousand, and many fairly recent. They all reflect some aspect of Wales — its history, its legends, its countryside, its religions and its values. You will find here names of warriors, poets, kings, gods, heroes and beautiful descriptive and symbolic names. As a complete unit, the names open up the wealth of our past. It is fitting that our children bear names that will make them proud of being Welsh, for after all, a name is a means of identification. To be Welsh is to belong, and bearing a Welsh name proves that sense of belonging.

Every name in this book is explained, or reference is made to a former, usually renowned, bearer of the name, or the river, church, town or region bearing the name is mentioned.

Many names are of Welsh or Celtic origin; others are Biblical, from Hebrew or Greek, while many derive from European languages, including Latin, German, French and English. But they are all now Welsh names. A chequered past does not make the name less Welsh than the varied background of most of Wales' inhabitants makes them less Welsh.

More and more people are now also giving children Welsh surnames. A good time to do this is when registering the child. It can be done in five ways: reversing an anglicized surname to its original Welsh form, e.g. Griffiths — Gruffudd; Jones — Siôn or Ioan; using the father's christian name after ap (= son) or ferch (= daughter), e.g. Alun ap Dafydd; or simply using the christian name of the father e.g. Ioan Gwent, or omitting an English surname. The name of a district can also be used as a surname.

HEINI GRUFFUDD

PRONUNCIATION GUIDE

A	as in hard or ham
B	b
C	k
CH	as in Bach (the composer)
D	d
DD	as 'th' in them
E	as in same or self. When it immediately follows 'a', the sound is 'ee'
F	v
FF	ff
G	g as in garden
NG	as in long
H	h
I	as in tea or tin
J	j
L	l
LL	as in Llanelli. Prepare to say 'l', but instead of making a sound, blow voicelessly
M	m
N	n
O	as in ore or pond
P	p
PH	ff
R	r
RH	rh
S	as in song
T	t
TH	as in cloth
U	ee (or French 'u' in North Wales)
W	w
Y	as in tea or tin or run

EGLURO ARWYDDION		EXPLANATION OF SIGNS
†	enw gwryw	male name
●	enw benyw	female name
−866	blwyddyn marw	year of death
=	yn golygu	means
gw.	gweler	v.
v.		see
fl.	yn fyw	alive
c.	tua	around
ap, ab, fab		son of

Dilyna'r llyfr y Wyddor Gymraeg

The book follows the Welsh Alphabet —its order is seen in the Pronunciation Guide

A

† **ABEL**
= son(?)

Ail fab Adda ac Efa | Second son of Adam and Eve

† **ADDA**
= Adam

O'r Hebraeg am goch, lliw y croen | From the Hebrew for red, the colour of skin

GRUFFUDD AB ADDA AP DAFYDD — 1344
Llenor, cyfaill i Dafydd ap Gwilym | Poet, friend of Dafydd ap Gwilym

† **ADDAF**

ADDAF AP CEDIFOR
Sonir amdano mewn llenyddiaeth gynnar | Mentioned in early literature

● **ADWEN**
gwen = white, blessed

Santes gynnar | An early saint

† **AEDDAN**

Enw un o'r milwyr a aeth i Gatraeth (gw.Aneirin) yn y 6ed ganrif | The name of one of the soldiers who went to Catraeth (Catterick) (v.Aneirin) in the 6th century

AEDDAN AP BLEGYWRYD — 1024

6

† **AELHAEARN,** † **ELHAEARN**
ael = brow; *haearn* = iron

Sant o'r 7fed ganrif, disgybl i Beuno; dydd Gŵyl — Tachwedd 1; Llanaelhaearn, Sir Gaernarfon | A 7th century saint, a pupil to Beuno; celebrated on November 1; Llanaelhaearn, Caernarfonshire

● **AELWEN**
ael = brow; *gwen* = white, blessed

(neu: gw."Alwyn") | (or: v."Alwyn")

● **AERES**
= heiress

● **AERFEN**
aer = battle; *fen* = ending

Un o dduwiau'r afonydd, a addolai'r Celtiaid | A river goddess worshipped by the Celts

†● **AERON**

Celteg Agrona = duwies cyflafan; duw rhyfel, fel Aerfen; Aberaeron, Ceredigion | Celtic Agrona = goddess of slaughter; god of battle, as Aerfen; Aberaeron, Ceredigion

● **AERONA**

Benywaidd "Aeron" | Feminine of "Aeron"

● **AERONWEN**
Aeron + *gwen* (white, blessed)

- **AERONWY**
Amrywiad o "Aeron" — Variant of "Aeron"

† **AETHWY**
Porthaethwy, Môn — Porthaethwy, Anglesey

† **AFAN**
Sant o'r 6ed ganrif, cefnder Dewi; enw sawl afon — A 6th century saint, a cousin of Dewi; the name of many rivers

† **AFARWY**
Sant cynnar — An early saint

† **AFLOEG**
Pennaeth o'r 5ed ganrif, un o feibion Cunedda — A chief of the 5th century, one of Cunedda's sons

† **AIDAN**
O'r Hen Wyddeleg *aid* = tân. Sant o'r 6ed ganrif, disgybl i Ddewi. (Enwau eraill: "Aidus", "Maidoc", "Madog"). Dydd gŵyl — Ionawr 31 — From old Irish *aid* = fire. 6th century saint, a pupil of Dewi. (Other names: "Aidus", "Maidoc", "Madog"). Celebrated January 31

† **ALAFON**
Enw barddol Owen Griffith Owen, 19eg ganrif, o Wynedd — Bardic name of Owen Griffith Owen, 19th century, from Gwynedd

† **ALAN**
Enw Celtaidd; sant cynnar o Gymru a ddaeth yn esgob Kemper, Llydaw. (gw. "Alawn") — Celtic name; an early Welsh saint who became bishop of Kemper, Brittany. (v. "Alawn")

● † **ALAW**
= melody
Afon yn Sir Fôn, y bu farw Branwen ar ei glan — A river in Anglesey, by whose banks Branwen died

† **ALAWN**
Un o'r tri bardd cyntaf, yn ôl traddodiad — One of the first three bards, according to tradition

† **ALBAN**
= Scotland
Un o'r merthyron cyntaf Cristnogol ym Mhrydain (3edd ganrif) — One of the first Christian martyrs in Britain (3rd century)

† **ALCWYN**
Tardda o'r Hen Saesneg *ealh* = teml + *wine* = cyfaill — Derived from Old English *ealh* = temple + *wine* = friend

† **ALDRYDD**
Brenin Ewias —900, Swydd Henffordd — King of Ewias —900, Herefordshire

† **ALDWYN**

O'r Hen Saesneg "Ealdwine"; *eald* = hen; *wine* = cyfaill

From the Old English "Ealdwine"; *eald* = old; *wine* = friend

● **ALDYTH**

O'r Hen Saesneg "Ealdgyth"; *eald* = hen; *gyth* = brwydr

From the Old English "Ealdgyth"; *eald* = old; *gyth* = battle

† **ALEC**

O'r Roeg, = amddiffynnydd

From the Greek, = defender

† **ALED**

Enw afon a llyn yn Sir Ddinbych

Name of a river and lake in Denbighshire

TUDUR ALED
Bardd o'r 15-16ed ganrif

Poet of 15-16th century

† **ALUN**

O'r enw Celteg "Alaunos"; enw afon yn Sir Fflint

From the Celtic name "Alaunos"; river name in Flintshire

ALUN DYFED
Sonir amdano yn Englynion Beddau'r 9fed a'r 10fed ganrif.

Mentioned in the grave verses of the 9th and 10th century.

ALUN
Enw barddol John Blackwell, 1797-1840.

Bardic name of John Blackwell, 1797-1840.

● **ALWEN**

Afon yng Nghlwyd

A river in Clwyd

● **ALWENA**

Amrywiad o "Alwen"

A variant of "Alwen"

† **ALWYN**

O'r Hen Saesneg "Aethelwine"; *aethel* = bonheddig; *wine* = cyfaill. (Neu ddyfeisiad Iolo Morgannwg: *al* = mawr, eithafol)

From Old English "Aethelwine"; *aethel* = noble; *wine* = friend. (Or Iolo Morgannwg's invention: *al* = great; *gwyn* = white, blessed)

● **ALYS [ALIS]**

Hen Almaeneg "Adalheidis;" *athal* = bonheddig; *haidu* = math

Old German "Adalheidis;" *athal* = noble; *haidu* = sort

ALIS FERCH GRUFFUDD AB IEUAN AP LLYWELYN FYCHAN, fl. 1520
Prydyddes

Poetess

Owain Alaw, 1821-83

Alwyn D. Rees, 1911-74

† **AMAETHON**
= farmer

AMAETHON FAB DÒN
(Gw."Dôn")   (v."Dôn")

† **AMANWY**
Enw barddol David Griffiths   Bardic name of David Griffiths
o Ddyffryn Aman   of Amman Valley

† **AMIG**
O'r chwedl canoloesol   From the tale of the middle
Amlyn ac Amig, cysylltiedig   ages, *Amlyn ac Amig*, con-
â llys Siarlymaen   nected with Charlemagne's
                                      court

† **AMLODD**
Tad-cu'r Brenin Arthur   King Arthur's grandfather

† **AMLYN**
gw."Amig"   v."Amig"

† **AMOS**
O'r Hebraeg "wedi ei   From the Hebrew "carried";
gludo"; enw Beiblaidd   Biblical name

● **AMRANWEN**
amrant = eyelid; *wen* = white

† **ANARAWD**
Intensifying *an* + *arawd* = speech; or + *rhawd* = course
or host

ANARAWD AP RHODRI FAWR — 916
ANARAWD AP GRUFFUDD — 1143
Arweinydd gŵyr Deheubarth   Leader of South West Wales

† **ANDRAS**
Intensifying *an* + *gras* = grace
Llanandras — pentref ym   Llanandras = village of
Maesyfed   Presteigne, Radnorshire

† **ANDREAS**
O'r Roeg, = gwrol. Disgybl   From Greek, = manly. First
cyntaf Iesu   disciple of Jesus (*Andrew*)

● **ANEIRA**
Intensifying *an*, or *ein* = our + *eira* = snow

† **ANEIRIN**
O'r Lladin *honorius*. Bardd   From the Latin *honorius*. 6th
o'r 6ed ganrif a ysgrifennodd   century poet who wrote of
am 400 milwr a aeth i   400 Welsh soldiers who fought
Gatraeth i ymladd â'r Saeson   the English at Catraeth
                                     (Catterick)

● **ANEST**
gw."Annest"   v."Annest"

9

● **ANGHARAD**
Intensifying *an* + *câr* = love

ANGHARAD FERCH MEURIG
Gwraig Rhodri Fawr

Rhodri Fawr's wife

ANGHARAD FERCH OWAIN —1162
Gwraig Gruffudd ap Cynan. Ymysg
eu plant roedd Owain Gwynedd.

Gruffudd ap Cynan's wife. Owain
Gwynedd was one of their children.

●† **ANHUN**
O'r Lladin "Antonius".
Morwyn Madrun, merch
Gwrthefyr o'r 5ed ganrif

From the Latin "Antonius".
Maid of Madrun, daughter of
Gwrthefyr, 5th century

† **ANIAN**
= nature, temperament, power

ANIAN —1266; —1293
Esgob Llanelwy

Bishop of Llanelwy (St. Asaph)

● **ANITA**
gw."Ann"

v."Ann"

● **ANN**
Ffurf orllewinol "Hannah"
(Hebraeg). Mamgu'r Iesu —
Santes Anna o Lydaw

Western form of Hebrew
"Hannah". Saint Anna of
Brittany was Jesus' grand-
mother

ANN GRIFFITHS, Dolwar Fach, 1776-1805
Prif emynyddes Cymru.

Wales' foremost female hymnwriter

● **ANNA'**
gw."Ann"

v."Ann"

● **ANNEST**
Merch Angharad a Gruffudd
ap Cynan, Brenin Gwynedd,
12fed ganrif

Daughter of Angharad and
Gruffudd ap Cynan, King of
Gwynedd, 12th century

● **ANNWYL**, ● **ANWYL**
from *annwyl* = dear, beloved

● **ANONA**
gw."Nona"

v."Nona"

● **ANWEN**
Intensifying *an* or *ein* = our + *gwen* = white

● **ARANRHOD**
Weithiau Arianrhod = cylch
arian (Caer Arianrhod =
Corona Borealis). Duwies y
lleuad, duwies yr awen,
merch Dôn, y dduwies
Geltaidd, mam Lleu Llaw
Gyffes

Sometimes Arianrhod = silver
circle (*Caer Arianrhod* =
Corona Borealis). Moon god-
dess, goddess of the muse,
daughter of Dôn, the Celtic
goddess, mother of Lleu Llaw
Gyffes

● **ARANWEN**
gw."Arianwen"

v."Arianwen"

† **ARAWN**
Brenin Annwfn yn
chwedlau'r Mabinogi

King of the Underworld in the
tales of the Mabinogi

- **ARDDUN**
= beautiful

ARDDUN PENASGELL
Merch Pabo a mam Tysilio, 5ed ganrif

Daughter of Pabo and mother of Tysilio, 5th century

† **ARFON**
Rhan o Wynedd

Part of Gwynedd

- **ARFONA**
Arfon + *'a'* (feminine suffix)

- **ARFONIA**
Ffurf arall fenywaidd o Arfon

Another feminine form of Arfon

† **ARFRYN**
bryn = hill

† **ARIAL**
= vigour, courage

- **ARIANNELL**
Santes gynnar

An early saint

- **ARIANWEN**
arian = silver; *gwen* = white, blessed

Santes gynnar, merch Brychan Brycheiniog

Early saint, daughter of Brychan Brycheiniog

† **ARIANWYN**
arian = silver; *gwyn* = white, blessed

† **ARNALLT**
O'r Saesneg "Arnold"

From the English "Arnold"

† **AROFAN**
Bardd cynnar

An early poet

† **ARON**
Brawd Moses. Sant Celtig

Brother of Moses. Celtic Saint

ARON FAB DYFNWYN
Sonir amdano yn Englynion Beddau'r 9fed a'r 10fed ganrif

Mentioned in the Grave Verses of 9th and 10th century

† **ARTRO**
Afon yng Ngwynedd

River in Gwynedd

† **ARTHEN**
Arth a duw afon. Brenin Ceredigion yn y 9fed ganrif. Mab Brychan Brycheiniog, 5ed ganrif

Bear and river god. King of Ceredigion in 9th century. Son of Brychan Brycheiniog, 5th century

† **ARTHFAEL**
arth = bear (?); *mael* = prince

CADELL AB ARTHFAEL & ARTHFAEL AP NOE
Penaethiaid yng Ngwent tua 950

Rulers in Gwent around 950

11

† **ARTHOG**
= garw. Pentref ym Meirion

= like a bear. Village in Meirioneth

† **ARTHUR**
Celteg *artos* = arth; Gwyddeleg *art* = carreg. Arweinydd y 6ed ganrif yn erbyn yr Eingl-Sacsoniaid. Arwr chwedlau rhamant ac antur yn Ewrop

Celtic *artos* = bear; Irish *art* = stone. Leader of 6th century against Anglo-saxons. Hero of adventure and romance tales in Europe

† **ARWEL**
= amlwg

= prominent

• **ARWEN**
Benywaidd "Arwyn"

Feminine of "Arwyn"

• **ARWENNA**
Ffurf o "Arwen"

Form of "Arwen"

† **ARWYN**
= hardd, gwych

= fair, fine

† **ASAFF**
Sant a sefydlodd esgobaeth Llanelwy, Sir Ddinbych

Saint who founded see of Llanelwy, Denbighshire

• **AURDDOLEN**
aur = gold; *dolen* = link

12

• **AWEL, AWELA**
awel = breeze

† **AWEN, • AWENA**
= muse
Hen Lydaweg *anaw* = golud. Enw nant ym Mhenfro

Old Breton *anaw* = wealth. Name of a stream in Pembrokeshire

† **AWSTIN**
O'r Lladin "Augustus", = hybarch. Archesgob cyntaf Caergaint; daeth i Brydain 6ed ganrif

From the Latin "Augustus", = venerable. First bishop of Cantebury; came to Britain in 6th century

† **BAEDDAN**
Weithiau "Baedan"; = baedd bach(?). Enw person a ddaeth yn enw nant ym Mrycheiniog a Gwent

Sometimes "Baedan"; = small boar(?). Person's name that became the name of a stream in Breconshire and Gwent

† **BAGLAN**
Sant cynnar; enw lle yng Ngorllewin Morgannwg

Early saint; place-name in West Glamorgan

- **BANWEN**
  ban = peak; *gwen* = white
  Ardal yng Nghwm Nedd   Part of Neath Valley

† **BARRI**
  bar = mound, summit, dune
  Ynys Barren — Barre — Barri = Barry Island

† **BARRWG**
  bar = headland, mound
  Sant a gladdwyd ar Ynys y   Saint buried on Barry Island
  Barri

† **BARWYN**
  bar (v."Barri") + *gwyn* = white

- **BECHAN**
  Meaning today = small
  Un o ferched Brychan   One of the daughters of
  Brycheiniog. (Amrywiad o   Brychan Brycheiniog.
  "Bethan")   (Variant of "Bethan")
  BECCAN
  Enw santes yn Iwerddon   Name of saint in Ireland

† **BEDO**
  Amrywiad o "Maredudd"   Variant of "Maredudd"
  BEDO BRWYNLLYS c.1460
  Bardd a ddilynai Dafydd ap Gwilym   Poet who followed Dafydd ap Gwilym
  BEDO HAFESB fl. 1568
  Bardd a urddwyd yng Nghaerwys,   Poet ordained in Caerwys Eisteddfod,
  1568   1568

† **BEDWYN**
  bedwen = birch

† **BEDWYR**
  Translated to "Bedivere"
  Marchog y Brenin Arthur a   King Arthur's knight who
  daflodd y cledd Caledfwlch   threw the sword
  i'r llyn   Excalibur to the lake

† **BEINON**
  Mab Einon   Son of Einon

† **BELI**
  belos = bright
  Belenos — Duw haul a   Belenos — Sun god worshipped
  addolid gan y Celtiaid   by the Celts
  BELI AB ELFFIN —721
  BELI MAWR
  Hynafiad a duw a sefydl/odd sawl   Ancestor, deity who established several
  llinach brenhinol   royal lines

† **BEN**
  O'r Lladin "benedictus"   From the Latin "benedictus"
  neu'r Gymraeg "bendigaid"   or Welsh *bendigaid* = blessed

† **BENDIGEIDFRAN**
  gw."Brân"   v."Brân"

† **BERDDIG**
  Bardd y brenin Gruffudd ap   Poet of King Gruffudd ap
  Llywelyn 11eg ganrif   Llywelyn. 11th century

† **BERIAN**
Enw lle —Brynberian, ger Crymych

Place name —Brynberian, near Crymych

† **BERWYN**
bar = mound, peak; *gwyn* = white

Sant cynnar, mab i Frychan Brycheiniog. Mynyddoedd ym Mhowys. Cymeriad yn *Culhwch ac Olwen*

Early saint, son of Brychan Brycheiniog. Mountains in Powys. Character in *Culhwch ac Olwen*

● **BERYL**
O'r Roeg —enw carreg werthfawr

From Greek —name of precious stone

● **BET**
Bychanig o "Elisabeth"

Short for "Elisabeth"

● **BETI**
Bychanig o "Elisabeth"; cyfateb i "Betty" yn Saesneg

Short for "Elisabeth"; equivalent of "Betty"

● **BETRYS**
O'r Lladin "dygwr llawen-ydd"; cyfateb i'r Saesneg "Beatrice"

From Latin "bringer of joy"; equivalent of "Beatrice"

● **BETSAN**
Bychanig o "Elisabeth" + *an* anwes

Short for "Elisabeth" + *an* denoting endearment

● **BETSI**
Cyfateb i'r Saesneg "Betsy"

Equivalent of "Betsy"

● **BETHAN**
Bachigyn o "Elisabeth"

Short form and endearment of "Elisabeth"

† **BEUNO**
—642. Sant â sawl eglwys iddo yng Ngogledd Cymru. Dydd gŵyl —Ebrill 21

—642. Saint, with many churches in North Wales. Celebrated April 21

† **BLEDRI**
blaidd = wolf + *rhi* = ruler

—1022 Esgob Llandâf
BLEDRI AP CEDIFOR —1120:
Ceidwad Castell Abersafwy

Bishop of Llandâf
Keeper of Abersafwy castle

† **BLEDIG**
blaidd = wolf + *ig* (adjectival ending)

Weithiau "Bleduc", "Bleddig". Un o esgobion Tyddewi, fl. 990

Sometimes "Bleduc", "Bleddig". One of the bishops of St. David's, fl. 990

† **BLEDDYN**
blaidd = wolf + *yn* (diminutive ending)

Cydymaith Garmon yn y 5ed ganrif

Garmon's companion in the 5th century

BLEDDYN AP CYNFYN
Tywysog yng Ngwynedd, 11eg ganrif
BLEDDYN FARDD fl. 1268-83
Un o feirdd y tywysogion

Prince in Gwynedd, 11th century
One of the princes' poets

14

† BLEGYWRYD

Roedd rhan ganddo yng nghyngor cyfraith Hywel Dda, 10fed ganrif

He took part in Hywel Dda's law councils, 10th century

† BLEIDDIAN

blaidd = wolf

† BLEIDDUDD

blaidd = wolf; *udd* = ruler

Weithiau "Bleiddud". Un o esgobion Tyddewi, 12fed ganrif

Sometimes "Bleiddud". One of the bishops of St. David's, 12th century

• BLODEUWEDD

blodau = flowers + *gwedd* = appearance, form

Crewyd hi gan Gwydion a Math yn wraig i Lleu Llaw Gyffes o flodau'r banadl, y deri a'r erwain

She was created by Gwydion and Math as wife to Lleu Llaw Gyffes from the flowers of broom, oak and meadowsweet

• BLODYN

= flower

• BLODWEN

blodau = flowers + *gwen* = blessed, white

† BRADACH

Enw person a ddaeth yn enw nant yng Ngwent

Person's name that became name of stream in Gwent

Blodeuwedd

Branwen
(o lun gan Talbot Hughes)

† BRADWEN

BRADWEN FAB MOREN

Sonir amdano yn *Culhwch ac Olwen*

Mentioned in *Culhwch ac Olwen*

• BRAINT

meaning today = honour, privelege

Briganti —un o brif dduwiesau'r Celtiaid = "yr un ddyrchafol". Daeth yn enw afon ym Môn

Briganti —one of the main Celtic goddesses, = "the exalted one". Became river name in Anglesey

† BRÂN

Today *brân* = crow

Ffurf o Bendigeidfran, mab Llŷr yn y Mabinogi, a mab Beli yn ôl traddodiad

Form of Bendigeidfran, son of Llŷr in th Mabinogi, and son of Beli according to tradition

15

BRÂN FENDIGAID
Tad Caradog yn ôl traddodiad

Father of Caradog according to tradition (*Fendigaid* = blessed)

● **BRANWEN**
Chwaer Bendigeidfran yn y Mabinogi; priododd â Matholwch, brenin Iwerddon

Sister of Bendigeidfran in the Mabinogi; married Matholwch king of Ireland

● **BRENDA**
Enw o Shetland, a benyw-aidd y Sant Brendan o Iwerddon, 6ed ganrif

A name from Shetland, and feminine form of Irish Saint Brendan, 6th century

● **BRENGAIN**
Weithiau "Brengwain", "Brangien". Llawforwyn Esyllt yn y chwedl ganol-oesol *Trystan ac Esyllt*

Sometimes "Brengwain", "Brangien". Maid of Esyllt in the tale of the middle ages, *Trystan ac Esyllt*

† **BRENNIG**
Nant a llyn yn Nyfed a nant yng Nghlwyd a dardda o Lys Brân. Gall fod yn fychanig o "Brân"

Stream and lake in Dyfed, and stream in Clwyd with its source in Llys Brân. Could be a diminutive of "Brân"

† **BRIAFAEL**
Sant cynnar. Amrywiadau — "Briog", "Tyfriog". gw. "Briog"

Early saint. Variants —"Briog", "Tyfriog". v."Briog"

● **BRIALLEN**
= primrose

† **BRIAN**
Brythoneg *bre* = bryn + *an* anwes. Enw 9fed ganrif yn Llydaw

Brythonic *bre* = hill + *an* (endearment). 9th century name in Brittany

BRIAN BOROIMHE
Arwr cenedlaethol yn Iwerddon

National hero in Ireland

† **BRIEG**
Ffurf Lydaweg "Briog"

Breton form of "Briog"

† **BRIOG**
Sant o'r 5ed ganrif o Geredigion a addysgwyd gan Esgob Garmon ym Mharis. Sefydlodd fynachlog yn St. Brieg; dydd gŵyl —Mai 1af

5th century saint from Ceredigion, educated by Bishop Garmon in Paris. Established a monastery in St. Brieg; celebrated May 1st

† **BROCHAN**
Nant i'r gogledd o Langurig, o'r enw "Brychan"

Stream to the north of Llan-gurig, from the name "Brychan"

† **BROCHFAEL**
BROCHWEL YSGYTHROG (Ysgithrog) fl. 556
Tywysog ym Mhowys, mab i Cyngen a thad Cynan Garwyn a Tysilio

Prince in Powys, son of Cyngen and and father of Cynan Garwyn and Tysilio

- **BRONMAI**
  bron = hill, breast + *Mai* = May

- **BRONWEN**
  bron = breast + *gwen* = white

† **BRWYNO**
  brwyn = sad, reeds(?)

Nentydd yng Ngheredigion wedi'u henwi ar ôl person

Streams in Ceredigion named after person

BRWYNO BRYCHEINIOG
BRWYNO HIR
Sonir amdano yn Englynion Beddau'r 9fed a'r 10fed ganrif

Named in Grave verses of 9th and 10th century

† **BRYCHAN**

BRYCHAN BRYCHEINIOG
Y tywysog o'r 5ed ganrif a roes ei enw i Frycheiniog. Yn ôl traddodiad bu ganddo ddegau o 'blant', y mwyafrif yn rhai ysbrydol, mae'n siŵr, ac yn 'saint' eu hunain. (gw.llawer o enwau'r plant yn y llyfr hwn.) Dydd gŵyl – Ebrill 6

The 5th century prince who gave his name to Brycheiniog, Brecon. According to tradition he had dozens of children, mostly spiritual, it is sure, being 'saints' themselves. (v.many names of his children in this book.) Celebrated April 6

† **BRYN**
  = hill

† **BRYNACH**
Sant o'r 5ed/6ed ganrif, a ddaeth i Ogledd Penfro o Iwerddon; dydd gŵyl – Ebrill 7

Saint of 5th/6th century who came to North Pembroke from Ireland; celebrated April 7

† **BRYNMOR**
  bryn = hill + *mor (mawr)* = big

† **BRYTHON**
  y Brython = the old Welsh (British, Breton)

- **BRYTHONIG**
Ffurf fenywaidd "Brython"

Feminine form of "Brython"

- **BRYTHONWEN**
  Brython (Briton) + *gwen* = white, blessed

- **BUDDUG**
  buddugoliaeth = victory

Brenhines yr Iceni, llwyth a ymladdodd y Rhufeiniaid yn y ganrif 1af. Cymerodd wenwyn yn lle syrthio i'r Rhufeiniaid

Queen of the Iceni, a tribe that fought the Romans in the 1st century. She took poison instead of falling into the hands of the Romans

C

† **CADAN**
  cad = battle

Nant yn Nyfed

A stream in Dyfed

† **CADELL**

CADELL AP GWRTHEYRN
Arglwydd Powys, 429 — Lord of Powys, 429
CADELL AP RHODRI FAWR −907
Rheolwr Ceredigion ac Ystrad Tywi, — Ruler of Ceredigion and Ystrad Tywi,
tad Hywel Dda. — father of Hywel Dda
CADELL AP GRUFFUDD −1175
Arweinydd yn erbyn y Normaniaid yn — Leader against the Normans in South
Ne Cymru — Wales

† **CADEYRN**
cad = battle + *teyrn* = ruler

† **CADFAEL**
cad = battle + *mael* = prince
Sant cynnar, gw."Cadog" — Early saint, v."Cadog"

† **CADFAN**
cad = battle + *ban* = summit
Sant o'r 6ed ganrif a sefyd- — Saint of 6th century who est-
lodd gymdeithas ar Ynys — ablished monastery at Ynys
Enlli. Tywysog, fl.620 — Enlli (Bardsey Island). Prince
fl. 620

† **CADFARCH**
cad = battle + *march* = horse
SANT CADFARCH AP CARADOG FREICHFRAS
Wyr Llŷr — Llŷr's grand-son

† **CADFRAWD**
cad = battle + *brawd* = brother
Sant cynnar — An early saint

● **CADI**
Bychanig o "Catrin" — Diminutive of "Catrin"

† **CADIFOR**
Abad Llancarfan −883 — Abbott of Llancarfan, −883
CADIFOR AP COLLWYN −1089

† **CADMAEL**
gw."Cadfael" — v."Cadfael"

† **CADOG**
Ffurf o "Cadfael" — Form of "Cadfael"
CADOG Sant, −577 (Cadog Ddoeth ap Gwynllyw
Mab Gwynllyw, tywysog o dde Gwent — Son of Gwynllyw, a prince of south
Gwent, a Gwladys, merch Brychan. — Gwent, and Gwladys, daughter of
Sefydlodd fynachlog Llancarfan, ac — Brychan. Established monastery at
eglwysi yn ne-ddwyrain Cymru, — Llancarfan, and churches in south-
Cernyw a Llydaw — east Wales, Cornwall and Brittany

† **CADOR**
Iarll Cernyw yn chwedlau — Earl of Cornwall in Arthurian
Arthur — tales

† **CADRAWD**
cad = battle + *rhawd* = cours or hoss

† **CADRAWD**
cad = battle + *rhawd* = course or host
Enw barddol Thomas Evans — Bardic name of Thomas Evans
o Langynwyd, hynafiaeth- — of Llangynwyd, antiquarian
ydd a gof, 1846-1918 — and smith, 1846-1918

† **CADWAL**
    cad = battle; *wal* = wall, defence

CADWAL O ROS
Bu farw ym Mrwydr Caer, 617   Died in the Battle of Chester, 617

† **CADWALADR**
    cad = battle; *gwaladr* = ruler

—664, tywysog yng
Ngwynedd a sant, mab
Cadwallon

—664, prince and saint in
Gwynedd, son of Cadwallon

CADWALADR AP GRUFFUDD — 1172
Tywysog o Geredigion   Prince of Cardigan

† **CADWALLON**
    cad = battle + *gwallon* = ruler (?)

—633, y mwyaf o'r arwein-
wyr gwleidyddol ers Maelgwn
Gwynedd

The greatest political leader
since Maelgwn Gwynedd,
—633

† **CADWGAN**

CADWGAN AB OWAIN — 948
Pennaeth yn Ne Cymru   Ruler in South Wales
CADWGAN — 1111
Ymladdodd yn erbyn y Normaniaid   Fought the Normans in Powys and
ym Mhowys a Cheredigion   and Ceredigion
MOEL CADWAN
Mynydd yng Nghwm Rhondda   Mountain in Rhodda Valley

† **CAERWYN**
    caer = fort + *gwyn* = white

† **CAFFO**
Disgybl i Cybi, 6ed ganrif.
Llangaffo, lle ym Môn

Disciple of Cybi, 6th century.
Llangaffo, place in Anglesey

† **CAI**
Swyddog yn llys Arthur   Officer in Arthur's court

●† **CAIN**
    = fair, beautiful
Santes 5ed - 6ed ganrif, un
o ferched Brychan
Brycheiniog. Sefydlodd
fynachlog yn Llangeinwr;
gwelir ei henw hefyd yn
Llangain. Dydd gŵyl —
Hydref 8

Saint 5th - 6th century, one of
the daughters of Brychan
Brycheiniog. Established
monastery in Llangeinwr; her
name is also seen in Llangain.
Celebrated October 8

† **CAIO**
Pentref yn Sir Gaerfyrddin   Village in Carmarthenshire

† **CALEB**
O'r Hebraeg, = dewr, beidd-
gar

From the Hebrew, = brave,
impetuous

† **CALEDFRYN**
    caled = hard + *bryn* = hill
Enw barddol William
Williams, 1801-1869, o
Glwyd

Bardic name of William
Williams, 1801-1869, from
Clwyd

19

† **CARADOG, † CRADOG**
= amiable

Arweinydd y Brythoniaid yn erbyn y Rhufeiniaid, y ganrif 1af. Mab Cynfelyn. Rhyddhawyd ef gan y Rhufeiniaid oherwydd ei ddewrder

Leader of the Britons against the Romans, 1st century. Son of Cynfelyn. Freed by the Romans because of his bravery

CARADOG —798
Brenin Gwynedd / King of Gwynedd
CARADOG AP RHYDDERCH —1070
Arglwydd yn Ne Cymru / Lord in South Wales

† **CARANNOG, † CRANNOG**
Sant o'r 6ed ganrif; cysylltir â Llangrannog. Tad-cu Dewi

Saint of 6th century; connected with Llangrannog. Grandfather of Dewi

● **CARI**
câr = love
Ffurf o "Ceridwen" (?)

Form of "Ceridwen" (?)

● **CARMEL**
O'r Hebraeg, = yr ardd. Pentref yn Sir Gaerfyrddin

From the Hebrew, = the garden. Village in Carmarthenshire

† **CARON**
Sant a fagwyd yn Iwerddon. Eglwysi yn Nhregaron a Llangaron, Henffordd

Saint brought up in Ireland. Churches in Tregaron and Llangaron, Hereford

● **CARWEN**
câr = love + *gwen* = white, blessed
Neu gw."Garwen"

Or v."Garwen"

† **CARWYN**
câr = love + *gwyn* = white, blessed

● **CARYL**
câr = love

● **CARYS**
câr = love

† **CASNODYN**
fl. 1320-40. Bardd o Gil-fai, Abertawe. Canmolodd uchelwyr "di-Saesneg"

Poet from Cil-fai (Kilvey) Abertawe (Swansea). He praised non-English-speaking noblemen. fl. 1320-40

† **CASWALLON**
Pennaeth a ymladdodd yn erbyn Cesar ar ei ail ym-weliad ag Ynys Prydain

Chief who fought against Caesar on his second visit to the Isle of Britain

CASWALLON FAB OWAIN CYFEILIOG —1187

● **CATI**
gw."Cadi"

v."Cadi"

● **CATRIN**
O'r Roeg, yna'r Lladin, = pur | From the Greek, then Latin, = pure

CATRIN FERCH GRUFFUDD fl. 1555
Bardd | Poetess
CATRIN O'R BERAIN −1591
'Mam Cymru', yn briod 4 gwaith | 'Mother of Wales', married four times

† **CATWG**
gw. "Cadog" | v. "Cadog"

† **CEDEWAIN**
Betws Cedewain, Powys | Betws Cedewain, Powys

† **CEDIFOR**
−1225, Abad Ystrad Fflur. gw. hefyd "Cadifor" | Abbot of Ystrad Fflur (Strata Florida), −1225. v. also "Cadifor"

PERYF AP CEDIFOR
Bardd o'r 12fed ganrif | Poet of 12th century

† **CEDRYCH**
gw. "Ceidrych" | v. "Ceidrych"

† **CEDWYN**
Sant cynnar −Llangedwyn, Clwyd | Early saint −Llangedwyn, Clwyd

† **CEFNI**
cefn = back, ridge
Llangefni, Môn. Enw | Llangefni, Anglesey. Bardic

barddol Hugh Parry 1826-95, llenor a diwinydd | name of Hugh Parry 1826-95, writer and minister

† **CEIDIO**
Sant cynnar, ac enw afon yng Ngwynedd | Early saint, and river name in Gwynedd

† **CEIDIOG**
Ffurf o "Ceidio" | Form of "Ceidio"

† **CEIDRYCH**
Gall fod yn ffurf o "Caradog". Afon yn Sir Gaerfyrddin | Could be a form of "Caradog" River in Carmarthenshire

● **CEINDEG**
   cain = beautiful + *teg* = fair

● **CEINDRYCH**
   cain = beautiful + *drych* = appearance
Merch Brychan Brycheiniog, 5ed ganrif | Daughter of Brychan Brycheiniog, 5th century

† **CEINFRYN**
   cain = beautiful + *bryn* = hill

● **CEINLYS**
   cain = beautiful + *melys(?)* sweet/*glwys* = fair

• **CEINWEN**
cain = beautiful + *gwen* = white, blessed

Santes a sefydlodd eglwys ym Môn, tua 450. Merch Brychan Brycheiniog	Saint who established a church in Anglesey around 450. Daughter of Brychan Brycheiniog

† **CEIRIOG**

Afon a dyffryn yng Nghlwyd. Enw barddol John Hughes, 1832-87, y telynegwr	A river and valley in Clwyd. Bardic name of John Hughes, 1832-87, author of *Nant y y Mynydd* etc.

• **CEIRIOS**
= cherries

† **CEIRO**
câr = love

Enw person a ddaeth yn enw nant yng Ngheredigion	Person's name that became name of stream in Ceredigion

† **CELYN**
= holly

Ymddengys yn *Culhwch ac Olwen*. Capel Celyn, y pentref a foddwyd yn Sir Feirionnydd	Mentioned in *Culhwch ac Olwen*. Capel Celyn, the village drowned in Merionethshire

† **CELYNEN**

Weithiau "Celynin". Un o	Sometimes "Celynin". One of

Ceiriog a'i ferch, Myfanwy

Ceulanydd

bum sant Llanpumsaint, o'r 6ed ganrif	the five saints of Llanpumsaint, 6th century

† **CELLAN**

Pentref yng Ngheredigion; Callwen yw enw santes yr eglwys yno	Village in Ceredigion. Callwen is the name of its church's saint

† **CEMLYN**
cam = bent + *llyn* = lake

Lle ym mhlwyf Llanfair-yng-Nghornwy. Gall enghreifftiau eraill fod yn *cam + glyn*	Place in parish of Llanfair-yng-Nghornwy. Other instances could be *cam + glyn* = vale

† **CENNARD**
cen = pen = head, + *arth* = hill

Fel "Cennarth"(?)	As "Cennarth"(?)

† **CENNYDD**
Sant o'r 6ed ganrif, mab Gildas. Cysylltir â Senghennydd (hen enw ar Abertawe) a Llangennydd

Saint of 6th century, son of Gildas. Connected with Senghennydd (old name for Swansea) and Llangennydd

† **CENWYN**
cen = *pen* = head + *gwyn* = white, blessed

† **CENEU**
= offspring, cub

CENEU AP COEL
Sant cynnar Cymreig. Un o feibion Llywarch Hen yn y 6ed ganrif

Early Welsh Saint. One of Llywarch Hen's sons in 6th century

† **CEREDIG**
Mab Cunedda; rheolwyd Ceredigion am 400,mlynedd gan ei ddisgynyddion

Son of Cunedda; his ancestors ruled Ceredigion for 400 years

†● **CERI**
Enw afon yn Nyfed a Phorth Ceri ger y Barri. Gall ddod o *caru.*

River name in Dyfed and Porth Ceri near Barry. Could be from *caru* (to love).

● **CERIAN**
"Ceri" + "Ann"
Neu bachigyn o "Ceri"

Or endearment of "Ceri"

● **CERIDWEN**
Mam Taliesin, duwies yr awen. Gall ddod o "cerdd" + "gwen"

Mother of Taliesin, goddess of the muse. Could be from

cerdd (song) + *gwen* (white, blessed)

† **CERNYW**
= Cornwall

● **CERYS**
From *câr* = love
Gall fod yn ffurf o "Ceridwen"

Could be a form of "Ceridwen"

† **CEULANYDD**
JOHN CEULANYDD WILLIAMS, 1847–1899
Gweinidog a bardd

Minister and poet

† **CIAN**
Un o'r pum bardd enwog ym marddoniaeth Gymraeg y 6ed ganrif

One of the five famous poets of 6th century

● **CIGFA**
Gwraig Pryderi yn y Mabinogi

Pryderi's wife in Mabinogi tales

† **CLEDLYN**
caled = hard + *glyn* = vale(?)

† **CLEDWYN**
caled = hard + *gwyn* = white
Afon yn Sir Ddinbych

A river in Denbighshire

CLEDWYN A RHIAIN
Etifeddion Brychan Brycheiniog

Heirs of Brychan Brycheiniog

† **CLYDAI**
Cysegrir eglwys i Clydai ger Castell Newydd Emlyn

A church is dedicated to Clydai near Castell Newydd Emlyn

† **CLYDNO**
CLYDNO EIDDYN
Tywysog o ogledd Prydain a ddaeth yn fynach i Gymru tua 550

Prince of North Britain who came as a monk to Wales around 550

† **CLYDOG**
Sant a merthyr, fl. tua 500, rheolwr Ewias, rhan o Gymru a gymerwyd gan Loegr yn 1536 (swydd Henffordd). Dydd gŵyl — Tachwedd 3

Saint, and martyr, fl. around 500, ruler of Ewias, part of Wales taken by England in 1536 (Herefordshire). Celebrated November 3

CLYDOG AP CADELL AP RHODRI FAWR −917

† **CLYDRI**
clod = praise + *rhi* = lord
Tywysog Erging, 600

Prince of Erging in Herefordshire, 600

† **CLYDWYN**
CLYDWYN AP BRYCHAN
5ed ganrif, tad Clydog

5th century, father of Clydog

† **CLYNNOG**
Pentref yng Ngwynedd

Village in Gwynedd

CLYNNOG AP DYFNWAL
Tad-cu Rhydderch Hael fl. 530

Grandfather of Rhydderch Hael fl. 530

† **COEL**
Brenin yn Aeron yn y 6ed ganrif; ef oedd yr "Old King Cole" gwreiddiol

King in Ayr in the 6th century; century; he was the original "Old King Cole"

CENEU MAB COEL
Cân Teliesin amdano

Taliesin sings about him

† **COLWYN**
Afon yng Nghlwyd; Bae Colwyn

River in Clwyd; Colwyn Bay

† **COLLEN**
= hazel tree
Sant fl. 600, sefydlodd hen eglwys Llangollen

Saint fl. 600, established old church of Llangollen

● **COLLWEN**
Santes gynnar

Early saint

† **COLLWYN**
COLLWYN AP TANGNO
Sefydlydd un o lwythau Gwynedd, 1020

Established one of the royal families of Gwynedd, 1020

† **CONWY**
Afon a thref

River and town

● **CRANOGWEN**
Enw barddol Sarah Jane Rees, 1839-1916, pregethwraig, darlithydd, cerddor, bardd

Bardic name of Sarah Jane Rees, 1839-1916, preacher, lecturer, musician, poet

• CREUDDYLAD
Neu "Creiddylad". Enw Cymraeg yn cyfateb i'r Lladin "Cordelia"

Or "Creiddylad". Welsh name equivalent of Latin "Cordelia"

CREUDDYLAD FERCH LLUDD
Cipir hi gan Gwyn ap Nudd oddi wrth Gwythyr

Abducted by Gwyn ap Nudd from Gwythyr

† CREUNANT
Pentref yng nghwm Dulais, Morgannwg

Village in Dulais Valley, Glamorgan

• CRISIANT
= crystal, bright
Cyfnither Owain Gwynedd a mam Dafydd a Rhodri; fl.1150

Cousin of Owain Gwynedd and mother of Dafydd and Rhodri; fl.1150

• CRISTYN
Ffurf Gymraeg "Christine"; o Christina, santes Rufeinig y 3edd ganrif

Welsh form of "Christine"; from Christina, Roman saint of 3rd century

† CRWYS
= cross

CRWYS WILLIAMS — 1968
Archdderwydd Cymru, bardd a phregethwr

Archdruid of Wales, poet and preacher

† CULHWCH
Arwr y chwedl o'r 11eg

Hero of the tale of the 11th

ganrif, *Culhwch ac Olwen*

century, *Culhwch ac Olwen*

† CUNEDDA
= good lord

CUNEDDA WLEDIG fl.450
Arweinydd y Brythoniaid a ddaeth i Gymru o'r Alban gydag wyth mab. Teyrnasodd ei deulu nes lladd y Tywysog Dafydd yn 1283

Leader of the Britons who came to Wales from Scotland with eight sons. His family ruled in Wales until the death of Dafydd, 1283

† CURIG
Sant fl.550 —Llangurig; dydd gŵyl —Mehefin 16

Saint fl.550 —Llangurig; celebrated June 16

† CYBI
Sant o'r 6ed ganrif, sefydlydd eglwys yng Nghaergybi; cysylltir ef â sawl eglwys arall. Dydd gŵyl — Tachwedd 5, weithiau, 6,7 neu 8

Saint of 6th century, established church at Caergybi; he is connected with many other churches. Celebrated November 5, sometimes 6,7 or 8

† CYFEILIOG
—927 Esgob Llandâf. Ardal ym Maldwyn

—927 Bishop of Llandâf. Area in Montgomeryshire

† CYFWLCH
Aelod o Lys Arthur, cymeriad yn *Culhwch ac Olwen*

Member of Arthur's court, mentioned in *Culhwch ac Olwen*

- **CYFFIN**
  = boundary

Nentydd yng Nghaernarfon, Caerfyrddin, Ceredigion a Gwent

Streams in Caernarfon, Caerfyrddin, Ceredigion and Gwent

† **CYNAN**
  Old Celtic *kuno* = great, high

CYNAN AP IAGO 1060
Disgynnydd i Rhodri Fawr

Descendant of Rhodri Fawr

CYNAN AB OWAIN GWYNEDD 1174
Teyrnasai yng Ngwynedd

Ruled in Gwynedd

CYNAN AP HYWEL 1242
Teyrnasai yn y Deheubarth

Ruled in Deheubarth (South West Wales)

CYNAN 1900-1970
A.E. Jones, bardd ac archdderwydd

A.E. Jones, poet and archdruid

† **CYNDEYRN**
  = chief lord

Sant o'r 6ed ganrif. Llangyndeyrn, Sir Gaerfyrddin

Saint of 6th century. Llangyndeyrn, Carmarthenshire

† **CYNDRIG**
gw."Cynfrig"

v."Cynfrig"

† **CYNDDELW**

CYNDDELW WLEDIG
Hynafiad un o 15 llwyth Gwynedd

Ancestor of 1 of Gwynedd's 15 royal families

CYNDDELW BRYDYDD MAWR fl.1155-1200
Y mwyaf o feirdd llys y ganrif

The greatest of the century's court poets. (*prydydd* = poet, *mawr* = great)

CYNDDELW
Enw barddol Robert Ellis 1810-75, gweinidog, hynafiaethydd

Bardic name of Robert Ellis 1810-75, minister, antiquarian

† **CYNDDYLAN**
  cyn = chief + *dylanwad* = influence

CYNDDYLAN AP CYNDRWYN
Tywysog o Bowys yn y 7fed ganrif. Enwogwyd gan 'Canu Heledd' 9fed ganrif

Prince from Powys in 7th century. Renowned through Heledd poems of 9th century

† **CYNDDYLIG**
Cyfeirir ato yn *Culhwch ac Olwen*

Mentioned in *Culhwch ac Olwen*

† **CYNFAB**
= mab cyntaf, neu brif fab

= first or chief son

† **CYNFAEL**
  cyn = chief + *mael* = prince

Afon yng Ngwynedd. A chymeriad y sonir amdano yn yr Englynion Beddau

River in Gwynedd. And person mentioned in Grave Verses of 9th-10th century

† **CYNFAL**
gw."Cynfael"

v."Cynfael"

† **CYNFAEN**
  cyn = chief + *maen* = stone

Enw barddol John Hugh Evans, 1833-86, gweinidog

Bardic name of John Hugh Evans, 1833-86, minister

† **CYNFARCH**
cyn = chief + *march* = horse

Sant â chysylltiad ag Eglwys
Llanfair, Dyffryn Clwyd

Saint, connected with Llanfair
Church, Vale of Clwyd

† **CYNFELYN**

Tad Caradog

Father of Caradog

† **CYNFERTH**
cyn = chief + *berth* = beautiful

† **CYNFOR**
cyn = chief + *mor* = *mawr* = great

Disgybl i Teilo

Pupil of Teilo

† **CYNFRAN**
cyn = chief + *brân* = crow

CYNFRAN AP BRYCHAN
5ed ganrif

5th century

† **CYNFRIG**

Weithiau "Cynwrig",
"Cynrig", "Cyndrig"

Sometimes "Cynwrig",
"Cynrig", "Cyndrig"

CYNFRIG AB OWAIN GWYNEDD —1139
CYNFRIG AP DAFYDD GOCH fl.1420
Bardd

Poet

† **CYNFYN**

Ysbyty Cynfyn yng
Ngheredigion

Ysbyty Cynfyn in Ceredigion

CYNFYN AP GWERSTAN fl.1050

† **CYNFFIG**

Enw person ac afon ger
Mynydd Margam; pentref
Mynydd Cynffig

Person's name, and river near
Margam; village —Kenfig Hill

† **CYNGAR**

Sant o'r 6ed ganrif ym
Morgannwg; dydd gŵyl —
Tachwedd 7 a 27

6th century saint in
Glamorgan; celebrated
November 7 and 27

† **CYNGEN**

—855, tywysog a amddiffyn-
nodd Bowys rhag y Saeson

Prince who defended Powys
against the English, —855

† **CYNHAEARN**
cyn = chief + *haearn* = iron

CYNHAEARN AP CYNWEL
Sant o'r 5ed ganrif

5th century saint

† **CYNHAFAL**
cyn = chief + *hafal* = equal

Sant tua 600

Saint around 600

† **CYNIDR**

Llangynidr, Powys. Sant o'r
6ed ganrif, ŵyr i Brychan;
dydd gŵyl —Rhagfyr 8

Llangynidr, Powys. 6th
century saint, grandson of
Brychan; celebrated
December 8

† **CYNIN**

Llangynin, Sir Gaernarfon.
Nant ym Morgannwg

Llangynin, Caernarfonshire.
Stream in Glamorgan

CYNIN COF FAB TUDWAL BEFR
Un o wyrion Brychan a nodir ei enw
yn *Culhwch ac Olwen*

Grandson of Brychan and mentioned in
Culhwch ac Olwen

† **CYNLAIS**

Afon —Ystradgynlais, Powys

River —Ystradgynlais, Powys

† **CYNLAS**

Brenin Prydain yr ymosod-
wyd arno gan Gildas yn y
6ed ganrif

King of Britain whom Gildas
attacked in the 6th century

† **CYNLLAITH**

Enw person ac afon

Person and river name

† **CYNLLO**

fl.550, sant; dydd gŵyl —
Gorffennaf 17. Llangynllo
—Powys

fl.550, saint; celebrated July
17. Llangynllo —Powys

† **CYNNWR**

Sant; Llangynnwr, Sir
Gaerfyrddin

Saint; Llangynnwr,
Carmarthenshire

† **CYNOG**

Sant o'r 6ed ganrif, mab
Brychan; cysylltir ef â sawl

6th century saint, son of
Brychan; he is connected with

eglwys ym Mhowys, Gwent
a Henffordd

many churches in Powys,
Gwent and Herefordshire

† **CYNON**

Afon sy'n llifo i'r Taf.
—817, Brenin yng
Ngwynedd

River flowing into Taff.
—817, King in Gwynedd

CYNON FAB CLYDNO EIDDYN
Sonir amdano yng nghanu Aneirin

He is mentioned by the poet Aneirin

† **CYNRI**

Un o'r milwyr a aeth i
Gatraeth (gw.Aneirin)

One of the soldiers who went
to Catraeth (v.Aneirin)

† **CYNRIG**

gw."Cynfrig"

v."Cynfrig"

† **CYNWAL**

cyn = chief + *gwal* = wall, defence
Milwr a aeth i Gatraeth (gw.
Aneirin)

Soldier who went to Catraeth
(v.Aneirin)

† **CYNWRIG**

Gallai fod o'r Hen Saesneg
cyne = brenhinol + *ric* =
rheolwr

Could be from Old English
cyne = royal + *ric* = ruler

CYNWRIG HIR O EDEIRNION —1093
Rhyddhaodd Gruffudd ap Cynan o
garchar Caer

He freed Gruffudd ap Cynan from Chester
prison

CYNWRIG AP RHYS fl.1237
Tywysog, mab yr Arglwydd Rhys

Prince, son of Lord Rhys

† **CYNWYD**

Sant cynnar —Llangynwyd, Morgannwg.

Early saint —Llangynwyd, Glamorgan

† **CYNWYL**

Sant cynnar; un o'r 3 a ffoes o frwydr Camlan yn ôl *Culhwch ac Olwen*

An early saint; one of 3 who escaped from battle of Camlan, according to *Culhwch ac Olwen*

CYNWYL AP DUNAWD FYR
Cysegrir eglwys yn Aberporth iddo

A church at Aberporth is dedicated to him

† **CYNYR**

Tad-cu Dewi Sant, tad Non, fl.500

St.David's grandfather, father of Non, fl.500

† **CYSTENNIN**

O'r Lladin *constans* = cyson, cadarn. Un o feibion Macsen Wledig

From the Latin *constans* = constant, firm. One fo the sons of Macsen Wledig

† **CYWRYD**

Sant a bardd

Saint and poet

D

† **DAFI**

gw."Dafydd"

v."Dafydd"

† **DAFYDD**

O'r Hebraeg, = anwylyn, yna cyfaill

From the Hebrew, = darling, then friend. Equivalent of David

DAFYDD AP LLYWELYN — 1246
Tywysog, mab Llywelyn Fawr a Siwan

Prince son of Llywelyn Fawr and Siwan

DAFYDD AP GRUFFUDD — 1283
Brawd Llywelyn ap Gruffudd, tywysog olaf Cymru

Brother of Llywelyn ap Gruffudd, last prince of Wales

DAFYDD AP GWILYM fl.1340-70
Bardd mwyaf Cymru, o Geredigion

Wales' greatest poet, from Ceredigion

† **DAI**

Ffurf o "Dafydd" yn Ne Cymru

Form of "Dafydd" in South Wales

† **DALIS**

Ffair Dalis — hen ffair ger Llanbedr Pont Steffan

Ffair Dalis — an old fair near Lampeter

† **DANIEL**

O'r Hebraeg "Mae Duw wedi barnu"

From the Hebrew "God has judged"

DANIEL FAB SULGENI — 1124
Esgob Tŷ Ddewi

Bishop of St. David's

Daniel Owen
1836-95

Dewi Sant

● **DARON**
Duwies y dderwen. Enw afon yn Llŷn

Goddess of the oak. River name in Llŷn, Caernarfonshire

† **DARREN**
tarren = burnt land, hill

† **DATHYL**
Caer Dathyl: sonir amdani yn y Mabinogi. Enw Gwyddeleg "Tuathl"; yn Gymraeg "Tudwal"

Caer Dathyl: mentioned in the Mabinogi. Irish name "Tuathl"; in Welsh "Tudwal"

†● **DEDWYDD**
= happy

† **DEGWEL**
gw."Dogfael"

v."Dogfael"

† **DEIAN**
Ffurf ar "Dafydd" yng Ngogledd Cymru. Nofel gan Kate Roberts —*Deian a Loli*

Form of "Dafydd" in North Wales. Novel by Kate Roberts —*Deian a Loli*

† **DEINIOL**
DEINIOL WYN AP DUNAWD, −584
Sant; sefydlodd eglwys ym Mangor

Saint; established church in Bangor

† **DEIO**
Ffurf o Dafydd yng Ngogledd Cymru

Form of Dafydd in North Wales

● **DEL**
= pretty

● **DELUN**
del = pretty + *un* = one, or *llun* = form

● **DELWEN**
del = pretty + *gwen* = white

† **DELWYN**
del = pretty + *gwyn* = white

- **DELYTH**
  del = pretty

† **DERFAEL**
  derw = oak or *der* = stubborn + *mael* = prince
Sant cynnar. gw."Derfel"   Early saint. v."Derfel"

† **DERFEL**
Sant —eglwys Llandderfel,   Saint —Llandderfel church,
Meirionnydd   Merionethshire
DERFEL GADARN
Cawr   A giant

† **DERI**
  = oaks

- **DERWENA**
  derwen = oak + *a* (feminine ending)

† **DEULWYN**
  = two groves(?)

† **DEWI**
—588, sant, sefydlydd Tŷ   —588, saint, establisher and
Ddewi, a'r abad a'r esgob   first abbot and bishop of St.
cyntaf. Nawddsant Cymru;   David's. Patron saint of Wales,
dydd gŵyl —Mawrth 1af   celebrated March 1st

† **DIC**
Cyfateb i'r Saesneg "Dick"   Equivalent of "Dick"

DIC ABERDARON —1780-1843
Richard Robert Jones, ieithydd hynod   Remarkable linguist
DIC PENDERYN 1807/8-1831 (Richard Lewis)
Crogwyd ar gam am ei ran yn   Hanged although innocent for his part in
Nherfysg Merthyr   the Merthyr riots

- **DILWEN**
  dil = honeycomb, petal + *gwen* = white

† **DILWYN**
  dil = honeycomb, petal + *gwyn* = white
Lle yn Swydd Henffordd   Place in Herefordshire

- **DILYS**
  = genuine
Enw o'r 19eg ganrif   Name from the 19th century

† **DION**
Enw gŵr a droswyd gan   Name of man converted by St.
Sant Pawl yn Athen, ac enw   Paul in Athens, and the name
sawl sant   of many saints

† **DOGFAEL**
Sant o'r 6ed ganrif; eglwys 6th century saint; church at
iddo yn Llandudoch, Sir   St. Dogmael's, Pembrokeshire.
Benfro. Mab Cunedda —   Son of Cunedda —region of
ardal Dogfeiling, Dyffryn   Dogfeiling, Vale of Clwyd
Clwyd

† **DOGMAEL**
gw."Dogfael"   v."Dogfael"

- **DÔN**
Duwies Geltaidd cysylltiedig â'r afon Donaw. Mam Gwydion, Aranrhod a Gilfaethwy

Celtic goddess, connected with river Danube. Mother of Gwydion, Aranrhod a Gilfaethwy

- **DONA**
Ffurf o "Dôn"

Form of "Dôn"

- **DORCAS**
Gwraig a wnai ddillad i'r tlodion yn Llyfr yr Actau

Woman who made clothes for the poor in the book of Acts

- **DRUDWEN**
= starling or *drud* = dear, expensive + *gwen* = white

- **DRYDWEN**
gw."Drudwen"

v."Drudwen"

† **DULAIS**
du = black + *clais/glas* = ditch, stream or blue

† **DULAS**
O'r Wyddeleg *dub(h) glas* = glas tywyll; enw ar afonydd Celtaidd

From the Irish *dub(h) glas* = dark blue; name of Celtic rivers

† **DUNAWD**
Sant o'r 6ed ganrif, abad Bangor Iscoed. Sain

6th century saint, abbot of Bangor Iscoed; St. Donat's,

Dunawd, Morgannwg; dydd gŵyl —Medi 7. Un o feibion Cunedda, a roes ei enw i Dunoding —Eifionydd heddiw

Glamorgan; celebrated September 7. One of Cunedda's sons, who gave his name to Dunoding — Eifionydd today

† **DUNOD**
gw."Dunawd"

v."Dunawd"

- **DWYFOR**
Afon yn llifo drwy Lanystumdwy, Llŷn

River flowing through Llanystumdwy, Llŷn

- **DWYNWEN**
Merch Brychan Brycheiniog, nawddsant cariadon. Eglwys yn Llanddwyn, Môn; dydd gŵyl — Ionawr 25

Daughter of Brychan Brycheiniog, patron saint of lovers. Church in Llanddwyn, Anglesey; celebrated January 25

•† **DWYRYD**
dwy = two + *rhyd* = ford
Enw afon yng Ngwynedd

Name of river in Gwynedd

- **DWYSAN**
dwys = intense, profound + *an* (endearment)

† **DYBION**
Mab hynaf Cunedda

Cunedda's eldest son

- **DYDDANWY**
  diddanwch = delight(?)

- **DYDDGU**

DYDDGU FERCH OWAIN
12fed ganrif
DYDDGU
14eg ganrif. Un o gariadon Dafydd
ap Gwilym

12th century

14th century. One of Dafydd ap
Gwilym's lovers

† **DYFAN**
Un o'r cenhadon a anfon-
wyd gan y Pab i Brydain yn
171. Llandyfan, Dyfed.
Merthyr Dyfan, ger y Barri

One of the missionaries sent
by the Pope to Britain in 171.
Llandyfan, Dyfed. Merthyr
Dyfan, near Barry

† **DYFED**
Hen ranbarth o Gymru.
Enw barddol Evan Rees,
1850-93, archdderwydd

Old region of Wales. Bardic
name of Evan Rees, 1850-93,
archdruid

†● **DYFI**
Afon yng ngogledd Cymru
—Aberdyfi

River in North Wales —
Aberdyfi

† **DYFNALLT**
dwfn = deep + *allt* = hill or wood
Enw barddol y Parch. John
Owen, 1873-1956, arch-
dderwydd

Bardic name of Rev. John
Owen, 1873-1956, arch-
druid

Dyfed

Dyfnallt

† **DYFNWAL**

DYFNWAL MOELMUD
Brenin chwedlonol Cymru, 400.
Rhoddwr y gyfraith cyn Hywel Dda
yn ôl traddodiad

According to tradition, king of Wales,
and giver of laws before Hywel Dda, 400

† **DYFNWALLON**
Arglwydd Ceredigion, 850

Lord of Ceredigion, 850

† **DYFRI**
dwfr = water
Enw ar afon —Llanymddyfri.
gw."Dyfrig"

Name of river —Llanymddyfri.
v."Dyfrig"

† **DYFRIG**
Sant cynnar, fl.475, o dde-
ddwyrain Cymru a
Henffordd. Dydd gŵyl —
Tachwedd 14

Early saint, fl.475, from south-
east Wales and Hereford.
Celebrated November 14

† **DYFYNNOG**
(Hefyd "Defynnog"). Plwyf yn Sir Frycheiniog

(Also "Defynnog"). Parish in Breconshire

●† **DYFYR**
DYFYR MAB ALUN DYFED
Sonir amdano yn *Breuddwyd Rhonabwy,* chwedl a ysgrifennwyd tua 1300

Mentioned in *Breuddwyd Rhonabwy,* a tale written around 1300. *Breuddwyd* = dream

† **DYLAN**
Mab Aranrhod, a aeth at y môr a'i alw'n Dylan Eil Don. Duw môr, neu arwr chwedlonol

Son of Aranrhod, who took to the sea, and named Dylan Eil Don (= akin to wave). Sea god, or hero of fables

DYLAN THOMAS 1914-1953
Bardd Eingl-Gymreig o Abertawe

Anglo-Welsh poet from Swansea

E

† **EBEN**
O'r Hebraeg, "carreg cymorth"

From Hebrew, "stone of help"

EBEN FARDD (Ebenezer Thomas) 1802-63
Bardd

Poet

● **EBRILLA**
Ebrill = April

● **EBRILLWEN**
Ebrill = April

† **EDERN**
Tad Cunedda, a mab Cunedda, 527-579, — Edeirnion, Sir Gaernarfon; Edern —pentref yn Llŷn

Father of Cunedda, and son of Cunedda, 527-579, — Edeirnion, Caernarfonshire; Edern —village in Llŷn

† **EDMWND**
= Edmund
O'r Hen Saesneg, *ead* = cyfoethog, *mund* = amddiffyniad

From Old English, *ead* = rich, *mund* = protection

EDMWND PRYS 1544-1623
Archddiacon Meirionnydd a bardd

Archdeacon of Meirionnydd and poet

● **EDNA**
Gwraig Enoc yn llyfr yr Apocryffa

Enoch's wife in the Apocrypha

† **EDNYFED**
EDNYFED AP MACSEN
Sant cynnar Cymreig

Early Welsh saint

EDNYFED FYCHAN
Arglwydd yng Ngwynedd, 13eg ganrif

Lord in Gwynedd, 13th century

† **EDRYD**
= descent, or restoration

† **EDWART**
O'r Hen Saesneg, *ead* = cyfoethog, *weard* = gwarch-eidwad. ("Edward")

From Old English, *ead* = rich, *weard* = guardian. ("Edward")

† **EDWYN**
O'r Hen Saesneg, *ead* = cyfoethog, *wine* = cyfaill. ("Edwin")

From Old English, *ead* = rich, *wine* = friend. ("Edwin")

EDWIN AP CEREDIG AP CUNEDDA
6ed ganrif

6th century

EDWIN AB EINION
10fed ganrif, tad Hywel, brenin Deheubarth

10th century, father of Hywel, king of Deheubarth (south-west Wales)

● **EFA**
O'r Hebraeg, = bywiog. Gwraig Gwalchmai'r bardd, 1150

From Hebrew, = lively. Wife of Gwalchmai the poet, 1150

EFA FERCH MADOG AP MAREDUDD −1160
Merch tywysog Powys. Canodd Cynddelw iddi

Daughter of Prince of Powys. Cynddelw sang to her

† **EFNISIEN**
Brawd creulon Nisien yn y Mabinogi

Cruel brother of Nisien in the Mabinogi

† **EFROG**
= York

† **EGRYN**
Llanegryn, Sir Feirionnydd

Llanegryn, Meirionethshire

---

† **EIDIN**
Caereidin = Caeredin, Canol-fan y milwyr a aeth i Gatraeth (gw.Aneirin)

Caereiddyn = Edinburgh, from where the soldiers went to Catraeth (v.Aneirin)

† **EIDDIG**
aidd = heat
Enw person a ddaeth yn enw nant yn Sir Gaerfyrddin

Person's name that became name of stream in Carmarthen-shire

● **EIDDWEN**
eiddun = desirous, fond or *aidd* = ardour + *gwen* = white(?)
Llyn yng Ngheredigion

Lake in Ceredigion

† **EIDDYN**
gw."Eidin"

v."Eidin"

† **EIFION**
Mab Cunedda, 5ed ganrif − Eifionydd, Sir Gaernarfon

Son of Cunedda, 5th century, − Eifionydd, Caernarfonshire

EIFION WYN (Eliseus Williams) 1867-1926
Bardd o Borthmadog

Poet from Porthmadog

● **EIFIONA**
Benywaidd "Eifion"

Feminine of "Eifion"

- **EIGR**
  = maid
Gwraig Gorlois, brenin Cernyw, a mam Arthur / Wife of Gorlois, king of Cornwall, and mother of Arthur

- **EIGRA**
Ffurf o "Eigr" / Form of "Eigr"

† **EILIAN**
Llaneilian, Môn / Llaneilian, Anglesey

●† **EILIR**
  = butterfly
Enw barddol William Eilir Owen, 1852-1910, o Sir Gaerfyrddin / Bardic name of William Eilir Owen, 1852-1910, from Carmarthenshire

- **EILWEN**
  eil = second, like + *gwen* = white

† **EILWYN**
  eil = second, like + *gwyn* = white

† **EINION**
  = anvil

EINION YRTH, −420
Mab Cunedda / Son of Cunedda
EINION AB OWAIN AP HYWEL DDA, fl.980
EINION AP GWALCHMAI, fl.1202-23
Bardd / Poet

EINION OFFEIRIAD, fl.1320
Lluniodd y gramadeg Cymraeg cynharaf / Wrote the first Welsh grammar

- **EINIONA**
Benywaidd "Einion" / Feminine of "Einion"

●† **EINIR**
O'r Lladin *honora* / From the Latin *honora*

- **EIRA**
  = snow

- **EIRAWEN**
  = snow-white

†● **EIRIAN**
  = splendid, bright

- **EIRIANEDD**
  eirian = bright

- **EIRIANELL**
  eirian = bright

- **EIRIANWEN**
  eirian = bright + *gwen* = white, blessed

† **EIRIG**
  = fine, splendid, or warlike

- **EIRIOL**
  = snowdrop or bright

- **EIRLYS**
  = snowdrop

† **EIRUG**
gw."Eirig" v."Eirig"

- **EIRWEN**
  eira = snow + *gwen* = white

† **EIRWYN**
  eira = snow + *gwyn* = white

- **EIRY**
  = snow

- **EIRYS**
  = iris

† **ELAETH**
Ar ôl ei guro gan y Sacson-
iaid yn y 6ed ganrif, aeth
Elaeth Frenin yn fynach i
goleg Seiriol ym Môn

After being beaten by the
Saxons in the 6th century,
King Elaeth went to Seiriol's
college in Anglesey as a monk

- **ELAIN**
  = fawn

- **ELAN**
  ela = drive or push
Enw 4 afon yng
Ngheredigion, Maldwyn,
Maesyfed a Brycheiniog.
Tair merch i Dôn —
Gwernen, Elan a Maelan

Name of 4 rivers in Ceredigion,
Montgomery, Radnorshire and
Breconshire. Three daughters
of Dôn —Gwernen, Elan and
Maelan

†● **ELDRYDD**
ELDRYDD FAB ELGAR
10fed ganrif, brenin y Saeson

10th century, king of the English

- **ELEN**
O'r Roeg, "yr un ddisglair".
Ffurf o "Helene", "Helena",
"Helen". —338, Y Santes
Helen, merch Coel, mam
Ymerawdwr Caergystennin;
135 eglwys iddi ym
Mhrydain. Gwraig Macsen
Wledig, merch Eudwy o
Wynedd

From the Greek, "the bright
one". Form of "Helene",
"Helen". —338, Saint Helen,
daughter of Coel, mother of
Emperor of Constantinople;
135 churches dedicated to her
in Britain. Wife of Macsen
Wledig, daughter of Eudwy of
Gwynedd

- **ELENA**
gw."Elen" v."Elen"

- **ELENID**
Ardal fynyddig yn Nyfed,
tarddiad afon Elan

Mountainous area in Dyfed,
source of river Elan

37

ELERI
Santes, merch Brychan 5ed ganrif. Afon a chwm Eleri, Ceredigion

Saint, daughter of Brychan, 5th century. Eleri river and valley, Ceredigion

† **ELFED**
Ardal o gwmpas Leeds. Hefyd Cynwyl Elfed, Sir Gaerfyrddin. Enw barddol y Parch. Elfet Lewis, 1860-1953

Area around Leeds. Also Cynwyl Elfed, Carmarthenshire. Bardic name of Rev. Elfet Lewis, 1860-1953

† **ELFODD**
—809, Esgob Bangor a fabwysiadodd y dull Rhufeinig o bennu Sul y Pasg

—809, Bishop of Bangor who adopted the Roman way of deciding on Easter Sunday

† **ELFRYN**
el = strengthening prefix or *ael* = brow + *bryn* = hill

† **ELFYN**
Enw barddol Robert Owen Hughes (1858-1919)

Bardic name of Robert Owen Hughes (1858-1919).

BELI FAB ELFYN, —721

† **ELFFIN**
Cododd Elffin y baban Taliesin o'r dŵr. Sonir am Elffin yn englynion beddau'r 9fed a'r 10fed ganrif

Elffin took the baby Taliesin from the water. Elffin is mentioned in the Grave verses of 9th and 10th century

† **ELGAN**
Intensifying *el* + *can* = bright or *cant* = circle
Sonir amdano yn yr englynion beddau

Mentioned in the grave verses

† **ELIAN**
Sant cynnar

Early saint

† **ELIDIR**
6ed ganrif, tad Llywarch Hen

6th century, father of Llywarch Hen

ELIDR HAEL
Pennaeth o'r Alban
ELIDIR SAIS
Bardd o Fôn, 12fed-13eg ganrif

(*hael* = generous), chief from Scotland
Poet from Anglesey, 12th-13th century

● **ELIN**
gw."Elen", neu bychanig o "Elinor"

v."Elen", or short for "Elinor"

● **ELINOR**
O'r Provençal "Alienor", ffurf o "Helen"

From the Provençal "Alienor", a form of "Helen"

† **ELIS**
Enw Beiblaidd —Elias

Biblical name —Elias

ELIS CYNFRIG fl.1580-1620
Bardd

Poet

● **ELISABETH**
O'r Hebraeg "Elisheba" — "Mae fy Nuw yn foddhad"

From the Hebrew "Elisheba" —"My God is satisfaction."

38

† **ELISEDD**
Hendaid Cyngen a achub-odd Powys rhag y Saeson

Great grandfather of Cyngen who saved Powys from the English

† **ELISEG**
Brenin ar Bowys yn y 9fed ganrif, y mae cofgolofn iddo ger Llangollen

King of Powys in 9th century; a memorial stone in his honour near Llangollen

● **ELUNED**
Hen enw Cymraeg, cymeriad yn y chwedl *Iarlles y Ffynnon*; ffurf Ffrengig o'r enw yw "Lynnette"

Old Welsh name, character in the tale *Lady of the Fountain*; the French form of which is "Lynnette"

† **ELWY**
elw = gain, benefit
Afon yn Llanelwy, Clwyd

River in St.Asaph, Clwyd

● **ELWEN**
Benywaidd "Elwyn"

Feminine of "Elwyn"

† **ELWYN**
Ffurf o "Alwyn", neu *el* cadarnhaol + *gwyn*

Form of "Alwyn", or intens-ifying *el* + *gwyn* = white

† **ELYSTAN**
O'r Hen Saesneg "Aethelstan"; *aethel* = bonheddig + *stan* = carreg

From Old English "Aethelstan"; *aethel* = noble + *stan* = stone

ELYSTAN BLODRUDD AB IFOR, –933

● **ELYSTEG**
teg = fair
Ffurf fenywaidd o "Eliseg"

Feminine form of "Eliseg"

† **ELLI**
Sant o'r 6ed ganrif, disgybl i Cadog, cysylltiedig â Llanelli; dydd gŵyl — Ionawr 23

6th century saint, pupil of Cadog, connected with Llanelli; celebrated January 23

● **ELLIW**
Intensifying *el* + *lliw* = colour

† **EMLYN**
Gall fod o'r Lladin "Aemilianus". Castell Newydd Emlyn, Dyfed

Could be from Latin "Aemilianus". Newcastle Emlyn, Dyfed

† **EMRYS**
O'r Lladin "Ambrosius", a ddaeth o'r Roeg, "perthyn i anfeidrolion"

From the Latin "Ambrosius", which came from the Greek, "pertaining to immortals"

EMRYS AP IWAN (Robert Ambrose Jones) 1851-1906
Gweinidog, llenor, cenedlaetholwr   Minister, writer, nationalist
DEWI EMRYS (David Emrys James) 1881-1952
Bardd   Poet

†   **EMYR**
Ffurf o "Ynyr"   Form of "Ynyr"

EMYR LLYDAW
Sant Llydewig a ddaeth i Gymru yn y 6ed ganrif   Breton saint who came to Wales in 6th century. (*Llydaw* = Brittany)

†   **ENDAF**
Intensifying *en* + *daf* = good, goods

●   **ENDEWYN**
Affirmative *en* + *dwyn* = pleasant

●   **ENFAIL**
gw."Onfael"   v."Onfael"

●   **ENFYS**
= rainbow

●   **ENID**
Gwraig Geraint, un o farchogion Arthur   Wife of Geraint, one of Arthur's knights

†   **ENLLI**
Ynys Enlli   Ynys Enlli = Bardsey Island

†   **ERFYL**
Llanerfyl, pentref yn Sir Drefaldwyn   Llanerfyl, a village in Montgomeryshire

●   **ERIN**
= Ireland

†   **ERTHIG**
Arth —afon yng Ngheredigion. Ystyrid arth yr afon yn dduwies   Arth —river in Ceredigion = bear. The river bear was regarded as a goddess

†●   **ERYL**
= place of outlook, watch

●   **ESYLLT**
= yr hyn sy'n deg, neu Hen Almaeneg *is* = ia + *vald* = teyrnasiad.   = that is fair, or Old German *is* = ice + *vald* = rule. Trystan's lover in the tale

Emrys ap Iwan

Elfed

40

ESYLLT merch Cynan Tindaethwy, fl.800
Cariad Trystan yn y chwedl *Trystan ac Esyllt*

ESYLLT merch Cynan Tindaethwy, fl.800
Trystan ac Esyllt (Tristan and Isolt)

ESYLLT MERCH CYNAN TINDAETHWY, fl.800
Mam neu wraig Myrddin Frych

Mother or wife of Myrddin Frych

● **ESWEN**
esgwyn = strength(?)

● **ETHNI**
Arwres mewn chwedloniaeth Wyddeleg

Heroine in Irish mythology

† **EUDAF**
Milwr yn Y Gododdin (gw. Aneirin)

Soldier in Y Gododdin (v. Aneirin)

† **EUDDOGWY**
Sant, fl.6ed ganrif, dydd gŵyl —Gorffennaf 2

Saint, fl.6th century, celebrated July 2

● **EULFWYN**
mwyn = gentle

● **EURDDOLEN**
aur = gold + *dolen* = link

● **EURFRON**
aur = gold + *bron* = breast

† **EURFRYN**
aur = gold + *bryn* = hill

† **EURFYL**
aur = gold

●† **EURGAIN**
aur = gold + *cain* = beautiful
Llaneurgain, Fflint

Llaneurgain, Flint

† **EURIG**
aur = gold
neu gw."Eirig"

or v."Eirig"

† **EURION**
aur = gold

● **EURIONA**
Benywaidd "Eurion"

Feminine of "Eurion"

●† **EURLIW**
aur = gold + *lliw* = colour

† **EUROF**
aur = gold + *gof* = smith

41

- **EUROLWYN**
  aur = gold + *olwyn* = wheel or white track; cf.
  Arianrhod = silver

Cymeriad yn *Culhwch ac Olwen*

Character in *Culhwch ac Olwen*

- **EURON**
  aur = gold

Cariad Iolo Goch

Iolo Goch's sweetheart

† **EUROS**
  aur = gold

† **EUROSWYDD**
Tad Nisien ac Efnisien yn y *Mabinogi*

Father o Nisien and Efnisien in the *Mabinogi*

- **EURWEN**
  aur = gold + *gwen* = white

- **EURYL**
aur + *yl* o'r Wyddeleg *geal* = disglair

aur = gold + *yl* from Irish *geal* = bright

† **EURYN**
  = gold trinket

- **EURYS**
  aur = gold

F

† **FYCHAN**
= small.   Anglicized as "Vaughan"

Ff

† **FFAGAN**
Sant cynnar, cenhadwr Rhufeinig o'r 2il ganrif

Early saint, Roman missionary of 2nd century

† **FFINIAN**
Sant o'r 6ed ganrif, Gwyddel, myfyriwr yn Llancarfan. Dydd gŵyl — Rhagfyr 12 neu Chwefror 23

6th century saint, Irishman, pupil at Llancarfan, celebrated December 12 or February 23

- **FFION**
  = foxglove
Gwyddeleg *fionn* = teg, gwyn

Gaelic *fionn* = fair, white

- **FFIONA**
Ffurf o "Ffion"

Form of "Ffion"

42

† **FFLAMDDWYN**
= flame bearer
Canodd Taliesin iddo

Taliesin sang to him

● **FFLUR**
= flowers
Merch Gweirydd ap Seisyllt,
−1150

Daughter of Gweirydd ap
Seisyllt, −1150. Ystrad Fflur
= Strata Florida

† **FFOWC**
FFOWC LLWYD fl.1580-1620
Bardd ac ysgwier o Ddinbych

Poet and squire from Denbigh

● **FFRAID**
Santes Wyddelig −Brighid,
nawddsant barddoniaeth a
dysg, iachau a chrefft. Nod-
weddion tebyg i dduwies
Geltaidd, gw."Braint"

Irish saint, patron saint of
poetry, learning, healing and
craft. Similar to Celtic godd-
ess, v."Braint"

† **FFRANC**
= milwr cyflogedig llys pen-
naeth Cymreig. Hefyd ffurf
o "Frank", talfyriad o
"Francis"

= paid soldier of Welsh chief's
court. Also form of "Frank",
from "Francis"

† **FFRANCON**
Nant Ffrancon, Gwynedd

Nant Ffrancon, Gwynedd

† **FFRANSIS**
O'r Lladin "Franciscus" =
Ffrancwr

From the Latin "Franciscus"
= Frenchman

● **FFREUER**
Chwaer Heledd −gw.
"Heledd"

Sister of Heledd −v."Heledd"

g

● **GAENOR**
Ffurf o "Gwenhwyfar" −
gw. "Geinor"

Form of "Gwenhwyfar" −v.
"Geinor"

† **GARETH**
Gall fod yn ffurf o
"Geraint", neu =
gwaraidd

Could be form of "Geraint",
or = *gwaraidd* = civilised

† **GARMON**
Lladin "Germanus" =
Almaenwr. Daeth
Germanus, sant, i Brydain
yn 428 i amddiffyn y
gwareiddiad Rhufeinig yn
erbyn Gwrtheyrn. Nawdd-
sant Powys

Latin "Germanus" = German.
Germanus the saint came to
defend the Roman civilisation
against Gwrtheyrn. Patron
Saint of Powys

43

† **GARTH**
Ffurf o "Gareth" neu = cefn, = bryn

Form of "Gareth", or = ridge

● **GARWEN**
Merch Hennin Henben; cyfeirir ati yn englynion beddau'r 9fed —10fed ganrif

Daughter of Hennin Henben; mentioned in grave verses of 9th —10th century

† **GARWYN**
gar = vehicle or chin bone + *gwyn* = white

CYNAN GARWYN
Brenin Powys y canodd Taliesin iddo

King of Powys to whom Taliesin sang

† **GAWAIN**
Arwr yn chwedlau Arthur; cyfateb i "Gavin"

Hero of Arthurian legends; equivalent of "Gavin"

● **GEINOR**
Ffurf o "Gwenhwyfar"

Form of "Gwenhwyfar"

● **GENERYS**
Cariad Hywel ab Owain Gwynedd yn y 12fed ganrif

Love of Hywel ab Owain Gwynedd in the 12the century

† **GERAINT**
O'r Roeg, = hen. Chwedl ganoloesol, *Geraint fab*

From Greek, = old. Tale of middle ages, *Geraint fab Erbin.*

Erbin. Mae gan Llywarch Hen gerdd iddo

Llywarch Hen has a poem to him

† **GERALLT**
O'r Hen Almaeneg "Gairovald"; *ger* = gwayw + *vald* = teyrnasiad

From Old German "Gairovald"; *ger* = spear + *vald* = rule

GERALLT GYMRO 1146(?)-1223
Ganed ym Maenorbŷr, mab Angharad ac ŵyr i Nest, merch Rhys ap Tewdwr, ac aeth ar daith o gwmpas Cymru gyda'r archesgob Baldwin. Archddiacon Brycheiniog a llenor Lladin

Giraldus Cambrensis, born at Maenorbŷr, Pembrokeshire, son of Angharad, grandson of Nest, daughter of Rhys ap Tewdwr; went on journey around Wales with archbishop Baldwin. Archdeacon of Brecon and Latin writer

† **GERWYN**
garw = rough + *gwyn* = white
Mab Brychan Brycheiniog, 5ed ganrif

Son of Brychan Brycheiniog, 5th century

† **GETHIN**
cethin = dusky
IEUAN GETHIN fl.1450
Bardd   Poet

† **GILDAS**
516-570, cydoeswr â Dewi   516-570, a contemporary of
                                         Dewi

† **GILFAETHWY**
Mab Dôn, cymeriad yn   Son of Dôn, mentioned in
Math fab Mathonwy   *Math fab Mathonwy*

● **GLAIN**
= jewel

† **GLANFFRWD**
glan = bank or clean + *ffrwd* = stream
Enw barddol William   Bardic name of William
Thomas, 1843-90 o Ynys-   Thomas, 1843-90 from Ynys-
y-bŵl, Morgannwg; hanes-   y-bŵl, Glamorgan; historian
ydd

† **GLANMOR**
glan = clean (or bank) + *mor* = *mawr* = great
Enw barddol John Williams,   Bardic name of John Williams,
1811-91, clerigwr a hynaf-   1811-91, cleric and anti-
iaethydd   quarian

† **GLASNANT**
glas = blue, grey + *nant* = stream

† **GLASYNYS**
glas = blue + *ynys* = island
GLASYNYS (Owen Wynne Jones) 1828-70
Bardd a storiwr   Poet and writer

● **GLENDA**
da = good; *glen* = *glân* = clean(?)
Tarddiad Americanaidd,   Could be of American origin
efallai

● **GLENWEN**
glen = *glân* = clean(?) + *gwen* = white

● **GLENYS**
glân = clean, fair, holy

● **GLESIG**
glas = blue, fresh
Crybwyllir yn chwedl   Mentioned in *Culhwch ac
Culhwch ac Olwen*   Olwen*

● **GLESNI**
from *glas,* = blueness, freshness

† **GLWYS**
= fair, beautiful, holy

45

† **GLYN**
= vale

| Talfyriad o Glyndŵr —gw. "Glyndŵr" | Short for Glyndŵr —v. "Glyndŵr" |

† **GLYNDŴR**
= vale of water (*Dyfrdwy* = Dee)

OWAIN GLYNDŴR 1353-1416(?)

| Tywysog Cymru a sefydlodd seneddau Cymreig. Arwr mwyaf hanes Cymru | Prince of Wales who established Welsh parliaments.. Greatest hero of Welsh history |

● **GLYNIS**

| Ffurf o "Glyn" | Form of "Glyn" |

● **GLYNWEN**
glyn = vale or short for *Glyndŵr* + *gwen* = white

● **GLYNYS**

| Ffurf o "Glyn" | Form of "Glyn" |

† **GLYWYS**

| fl.530, brenin talaith Glywysing (Morgannwg), tad Gwynllwg a thad-cu Cadog | fl.530, King of Glywysing (Glamorgan), father of Gwynllwg and grandfather of Cadog |

● **GOEWYN**
goboyw = sprightly

| Morwyn Math yn y *Mabinogi* | Maid of Math in the *Mabinogi* |

Gomer

Owain Glyndŵr

† **GOFANNON**

| Duw y gofaint, yn cyfateb i Dduw Iau, brawd Aranrhod | God of smiths, equivalent of Jupiter, brother of Aranrhod |

● **GOLEUDDYDD**

| Mam Culhwch yn y chwedl *Culhwch ac Olwen*. Merch Brychan, 5ed ganrif | Mother of Culhwch in the tale *Culhwch ac Olwen*. Daughter of Brychan, 5th century |

† **GOMER**

| Wyr Noa. Enw barddol Joseph Harris, 1773-1825, | Grandson of Noah. Bardic name of Joseph Harris, 1773- |

gweinidog a llenor. Capel Gomer, Abertawe

1825, minister and writer. Capel Gomer, Swansea

† **GORONW**

GORONW AP CADWGAN
11eg ganrif

11th century

† **GORONWY**

GORONWY GYRIOG fl.1310-60
Bardd o Fôn

Poet from Anglesey

GORONWY OWEN 1723-69
Clerigwr a bardd mawr

Clergyman and great poet

† **GREIDAWL**
graid = heat
Tad Gwythyr, sy'n gorfod ymladd â Gwyn ap Nudd i briodi Creuddylad

Father of Gwythyr, who must fight Gwyn ap Nudd to win Creuddylad

GREID FAB GREIDAWL
Cymeriad yn *Culhwch ac Olwen*

Character in *Culhwch ac Olwen*

† **GRIFFRI**

GRIFFRI FAB CYNGEN
9fed ganrif

9th century

† **GRIGOR**
O'r Roeg, "bod yn wyliad-wrus". Ffurf o "Gregory"

From the Greek, "to be watch-ful". Form of "Gregory"

† **GRONW**
gw."Goronwy"

v."Goronwy"

GRONW AP TUDUR O FÔN, –1331
GRONW PEBR
Cariad Blodeuwedd, arglwydd Penllyn yn y *Mabinogi*

Lover of Blodeuwedd, lord of Penllyn in the *Mabinogi*

† **GRUFFUDD**
from *Griphuid* = grip = *cryf* = strong + *udd* = lord

GRUFFUDD AP CYNAN 1055-1137
Brenin Gwynedd

King of Gwynedd

GRUFFUDD AP LLYWELYN – 1063
Brenin Gwynedd a Phowys a Cymru ar ôl 1055

King of Gwynedd and Powys and Wales after 1055

GRUFFUDD AP LLYWELYN – 1244
Tywysog Gogledd Cymru, mab Llywelyn Fawr, tad Llywelyn II

Prince of North Wales, son of Llywelyn the Great, father of Llywelyn II

GRUFFUDD AP RHYS – 1201
Tywysog Deheubarth

Prince of South-west Wales

GRUFFUDD HIRAETHOG – 1564
Bardd ac achyddwr

Poet and linealogist

GRUFFUDD ROBERT c.1522-1610
Bardd, offeiriad, gramadegydd

Poet, clergyman, gramarian

† **GRUFFYDD**
Ffurf o "Gruffudd"

Form of "Gruffudd"

† **GRUGWYN**
grug = heather + *gwyn* = white

† **GUTO**
Ffurf o "Gruffudd"

Form of "Gruffudd"

GUTO'R GLYN 1440-93
Bardd

Poet

GUTO NYTH BRAN
Rhedwr a gladdwyd yn Llanwynno, Morgannwg

Runner, buried at Llanwynno, Glamorgan

† **GUTUN**
Ffurf o "Gruffudd" | Form of "Gruffudd"

GUTUN OWAIN — Gruffudd ap Huw ab Owain
Uchelwr, ysgolhaig, bardd, ger Croesoswallt, 15fed ganrif | Nobleman, scholar, poet from near Oswestry, 15th century

† **GUTYN**
Ffurf o "Gruffudd" | Form of "Gruffudd"

† **GWAEDNERTH**
gwaed = blood + *nerth* = strength
Tywysog Gwent, 600. Milwr a aeth i Gatraeth (gw. Aneirin) | Prince in Gwent, 600. Soldier who went to Catraeth (v. Aneirin)

† **GWALCHMAI**
gwalch = falcon + *Mai* = May

GWALCHMAI AP MEILYR fl.1130-80
Bardd o Fôn, un o'r Gogynfeirdd cynharaf, bardd i Owain, Tywysog Gwynedd | Poet from Anglesey, one of the earliest poets of the princes, poet to Owain, prince of Gwynedd

● **GWALIA**
= Wales

† **GWALLAWG**
Brenin a ymladdodd gydag Urien; canodd Taliesin iddo, 6ed ganrif | King who fought with Urien; Taliesin sang to him 6th century

† **GWALLOG**
gw."Gwallawg" | v."Gwallawg"

† **GWALLTER**
O'r Hen Almaeneg "Waldhar"; *vald* = arglwyddiaeth + *harja* = pobl. Cyfateb i "Walter" | From Old German, "Waldhar"; *vald* = rule, + *harja* = people. Equivalent of "Walter"

GWALLTER FAB LLYWARCH — 1162
GWALLTER MECHAIN (Walter Davies) 1761-1849
Offeiriad, bardd, hynafiaethydd o Sir Drefaldwyn | Clergyman, poet, antiquarian, from Montgomeryshire

† **GWARTHEN**

GWARTHEN AP DUNAWD
Sant cynnar, un o sylfaenwyr Bangor is-coed | Early saint, one of the founders of Bangor is-coed

● **GWARWEN**
gwar = nape + *gwen* = white

† **GWATCYN**
gw."Watcyn" | v."Watcyn"

† **GWAUN**
= heath

†● **GWAWL**
Y gŵr y mae'n rhaid i Riannon briodi yn erbyn ei | The man whom Rhiannon must marry against her will in

hewyllys yn y *Mabinogi*.
Fel enw merch, = golau

the *Mabinogi*. As girl's name = light

● **GWAWR**
= dawn
Merch Brychan, mam
Llywarch Hen, fl.500

Daughter of Brychan, mother of Llywarch Hen, fl.500

● **GWAWRWEN**
gwawr = dawn + *gwen* = white

● **GWAWRDDYDD**
= dawn of day
Santes tua 600

Saint around 600

† **GWEIRYDD**
GWEIRYDD AP RHYS 1807-89
Hanesydd, bardd o Fôn

Historian, poet from Anglesey

● **GWEN**
= white, fair, blessed, holy
Gall fod yn dalfyriad o
"Gwenhwyfar",
"Gwenllian". Un o ferched
Brychan, 5ed ganrif

Could be short for
"Gwenhwyfar", "Gwenllian".
One of Brychan's daughters,
5th century

† **GWÊN**
Yr olaf o 24 mab Llywarch
Hen

The last of 24 sons of
Llywarch Hen

† **GWENALLT**
D. Gwenallt Jones, 1899-
1968, un o feirdd mwya'r
20fed ganrif, o'r Alltwen,
Morgannwg

D. Gwenallt Jones, 1899-1968,
one of the greatest poets of
20th century, from Alltwen,
Glamorgan

● **GWENDA**
gwen = white + *da* = good
Gall fod yn fychanig o
"Gwendolen"

Could be short for
"Gwendolen"

● **GWENDOLEN**
gwen = white + *dolen* = link
Gall fod o "Gwenddoleu",
Santes. Mam Myrddin
Emrys, 6ed ganrif

Could be from "Gwenddoleu",
Saint. Mother of Myrddin
Emrys 6th century

● **GWENDRAETH**
Dwy afon yn Sir
Gaerfyrddin

Two rivers in Carmarthenshire

49

- **GWENDDYDD**
  gwen = white + *dydd* = day
  Chwaer Myrddin Emrys, 6ed ganrif

  Sister of Myrddin Emrys, 6th century

- **GWENER**
  = Venus + Friday

- **GWENFAIR**
  = blessed Mary

- **GWENFOR**
  gwen = white + *mawr* = great

- **GWENFREWI**
  Santes o'r 7fed ganrif a gysylltir â gogledd-ddwyrain Cymru. Perthyn i Beuno. Seisnigwyd yn "Winifred". Dydd gŵyl — Tachwedd 3

  Saint of 7th century, connected with north-east Wales. Related to Beuno. Anglicised as "Winifred". Celebrated November 3

- **GWENFRON**
  gwen = white + *bron* = breast

- **GWENFFRWD**
  gwen = white + *ffrwd* = stream

- **GWENHWYFAR**
  Gwraig Arthur yn y chwedlau

  Wife of Arthur in the legends

- **GWENIFER**
  Ffurf o "Gwenhwyfar". Seisnigwyd yn "Jennifer"

  Form of "Gwenhwyfar". Anglicised as "Jennifer"

- **GWENITH**
  = wheat

†● **GWENLYN**
  gwen = white + *glyn* = vale or *lyn* from *Luned*

- **GWENLLIANT**
  Cymeriad yn *Culhwch ac Olwen*. gw."Gwenllian"

  Character in *Culhwch ac Olwen*. v."Gwenllian"

- **GWENLLIAN**
  gwen = white + *lliant* = stream (*lleian* = nun)
  Mam yr Arglwydd Rhys yn y 12fed ganrif; arweiniodd gyrch yn erbyn y Normaniaid yng Nghydweli, a chael ei ladd —Maes Gwenllian heddiw

  Mother of Lord Rhys in 12th century; led attack on Normans in Cydweli and was killed —Maes Gwenllian today

- **GWENLLIW**
  gwen = white + *lliw* = colour

- **GWENNAN**
  gwen = blessed

- **GWENNANT**
  gwen = white + *nant* = stream

- **GWENNO**
  Bachigyn o "Gwen"   Diminutive of "Gwen"

- **GWENNOL**
  = swallow

- **GWENOG**
  Santes, Llanwenog, Dyfed   Saint, Llanwenog, Dyfed

† **GWENOGFRYN**
  bryn = hill

JOHN GWENOGFRYN EVANS, 1852-1930
Gweinidog Undodaidd, ysgolhaig o   Unitarian minister, scholar from
Lanwenog Dyfed   Llanwenog, Dyfed

- **GWENONWY**
  Merch Ifor Hael, fl.1360   Daughter of Ifor Hael, fl.1360

† **GWENT**
  De-ddwyrain Cymru   South east Wales

† **GWENWYNWYN**
  Arglwydd Powys, wŷr i   Lord of Powys, grandson of
  Owain gwynedd, −1216   Owain Gwynedd, −1216

- **GWERFYL**
  Weithiau "Gweiryl",   Sometimes "Gweiryl",
  "Gweirfyl", "Gwerful". Un   "Gweirfyl", "Gwerful". One
  o gariadon Hywel ab Owain   of the loves of Hywel ab
  Gwynedd, bardd o'r 12fed   Owain Gwynedd, poet of 12th
  ganrif   century

GWERFUL MECHAIN
Bardd o Bowys, 15fed ganrif   Poet from Powys, 15th century

† **GWERN**
  = alder
  Mab Branwen a Matholwch,   Son of Branwen and
  yn y *Mabinogi*   Matholwch in the *Mabinogi*

†- **GWERNEN**
  Un o ferched Dôn   One of the daughters of Dôn

GWERNEN FAB CLYDDNO
Bardd 13eg ganrif   13th century poet

- **GWERNFYL**
  Benywaidd "Gwern"   Feminine of "Gwern"

† **GWESYN**
  Afon ym Mhowys −Aber-   River in Powys −Abergwesyn
  gwesyn

RHYS GWESYN JONES 1826-1901
Gweinidog   Minister

† **GWGAN**
GWGAN FAB MEURIG 871
Brenin Ceredigion   King of Ceredigion

51

† **GWGON**
Bardd, fl.1240

Poet, fl.1240

† **GWILI**
Afon yn Nyfed yn llifo i'r Tywi —Abergwili. Enw barddol John Gwili Jenkins, 1872-1936, archdderwydd, diwinydd, llenor

River in Dyfed, flowing into Tywi —Abergwili. Bardic name of John Gwili Jenkins, 1872-1936, archdruid, theologist, writer

† **GWILYM**
Hen Almaeneg "Willahelm"; *vilja* = ewyllys + *helma* = helm

Old German "Willahelm"; *vilja* = will + *helma* = helmet. English, "William"

GWILYM DDU O ARFON fl.1280-1320
Bardd
GWILYM HIRAETHOG 1802-83
Enw barddol William Rees, gweinidog, awdur, arweinydd gwleidyddol

Poet

Bardic name of William Rees, author, minister and political leader

† **GWION**
Enw Taliesin yn ei fachgendod, a mab Ceridwen, yn chwedl *Taliesin*

Taliesin's name in his youth, and son of Ceridwen, in tale of *Taliesin*

GWION
Milwr a aeth i Gatraeth (gw.Aneirin)

Soldier who went to Catraeth (v.Aneirin)

● **GWLADYS**
Gall fod yn fenywaidd "Gwledig" = llywodraethwr. Weithiau "Gwladus". Merch

Could be feminine of "Gwledig" = ruler. Sometimes "Gwladus". Daughter of

Brychan Brycheiniog. Gwraig Gwynllyw, brenin Gwynllwg, 5ed ganrif

Brychan Brycheiniog. Wife of Gwynllyw, king of Gwynllwg, 5th century

GWLADYS DDU fl.1250
Merch Llywelyn Fawr

Daughter of Llywelyn Fawr. (*du* = black)

● **GWLITHEN**
= dewdrop
Nant ger Trefeca, Brycheiniog

Stream near Trefeca, Breconshire

● **GWLITHYN**
= dewdrop

† **GWRGAN**
$g\hat{w}r$ = man + *can* = bright(?)

GWRGAN AP BLEDDYN
Tywysog ym Mrycheiniog, 11eg ganrif

Prince in Breconshire, 11th century

† **GWRGANT**
GWRGANT MAWR
Brenin olaf Erging (de swydd Henffordd) 6ed ganrif

Last king of Erging (south Herefordshire) 6th century

GWRGANT AB ITHEL fl.994
Tywysog Morgannwg

Prince of Glamorgan

† **GWRI**
Enw a roddodd Teyrnon ar Pryderi pan oedd ar goll

Name given to Pryderi by Teyrnon, when Pryderi was lost

† **GWRION**
Enw arall ar Gwydion fab Dôn(?)

Another name for Gwydion fab Dôn(?)

† **GWRNERTH**
gŵr = man + *nerth* = strength

GWRNERTH AP LLYWELYN
Sant o'r 6ed ganrif

6th century saint

† **GWRON**
= worthy, hero
Un o'r beirdd cynharaf yn ôl traddodiad

One of the oldest bards according to tradition

† **GWRTHEYRN**
Brenin y Brythoniaid a wrthwynebai'r Rhufeiniaid. Beir ef am ddod â'r Saeson i Brydain. 5ed ganrif

Chief of Britons who opposed the Romans. He is blamed for bringing the English into Britain. 5th century

† **GWYDION**
Swynwr a greodd Flodeuwedd yn y *Mabinogi;* mab Dôn

Magician who created Blodeuwedd in the *Mabinogi;* son of Dôn. *Caer Gwydion* = Milky Way

† **GWYDOL**
gwyd = zest
Abergwydol, Sir Drefaldwyn

Abergwydol, Montgomeryshire

† **GWYDDERIG**
gwydd = wild or conspicious
Afon ym Mrycheiniog a Chaerfyrddin

River in Breconshire and Carmarthenshire

● **GWYDDFID**
= honeysuckle

† **GWYDDNO**

GWYDDNO GARANHIR
Rheolwr Cantre'r Gwaelod, a foddwyd trwy ddiofalwch Seithennyn

Ruler of Cantre'r Gwaelod which was drowned through the neglect of Seithennyn

† **GWYDDON**
= philosopher

GWYDDON GANHEBON
Dyfeisydd cerddoriaeth leisiol yn ôl chwedl

According to legend the inventor of vocal music

● **GWYLAN**
= seagull

† **GWYLFA**
= watching place
Enw barddol Richard Gwylfa Roberts, 1871-1935, gweinidog a bardd

Bardic name of Richard Gwylfa Roberts, 1871-1935, minister and poet

†● **GWYLFAI**
gŵyl = festival + *Mai* = May (May 1st)

† **GWYLON**
gŵyl = festival, watch, modest or sight

† **GWYN**
= white, blessed, fair
GWYN AP NUDD
Duw chwedlonol yr awyr   Legendary god of sky

† **GWYNALLT**
gwyn = white, fair + *allt* = hill

† **GWYNANT**
gwyn = white + *nant* = stream

† **GWYNDAF**
Sant Celtaidd   Celtic saint

† **GWYNEDD**
Gogledd-orllewin Cymru   North-west Wales

† **GWYNEIRA**
gwyn = white + *eira* = snow

● **GWYNETH**
gwyn = white + *geneth* = girl or from *Gwynedd* or
gwynaeth = felicity, bliss

† **GWYNFI**
Afon —Abergwynfi,   River, Abergwynfi, Glamorgan
Morgannwg

† **GWYNFOR**
gwyn = white + *mawr*
= great

GWYNFOR EVANS
Arweinydd Plaid Cymru

Leader of Plaid Cymru

† **GWYNFRYN**
gwyn = white + *bryn* = hill

† **GWYNLAIS**
gwyn = white + *clais/glas* = stream, blue or ditch
Afon —Tongwynlais,   River —Tongwynlais
Morgannwg   Glamorgan

† **GWYNLLYW**
Sant fl.500 Brenin   Saint fl.500 King of
Gwynllwg, Gwent, mab   Gwynllwg, Gwent son of
Glywys, tad Cadog   Glywys, father of Cadog

† **GWYNOGFRYN**
gw."Gwenogfryn"   v."Gwenogfryn"

● **GWYNORA**
Benywaidd "Gwynoro"   Feminine of "Gwynoro"

† **GWYNORO**

Sant cynnar, un o 5 sant Llanpumsaint, Caerfyrddin. Enw barddol John Gwynoro Davies, 1855-1935, gweinidog, gwladgarwr

Early saint, one of 5 saints of Llanpumsaint, Carmarthenshire. Bardic name of John Gwynoro Davies, 1855-1935, minister, patriot

† **GWYRFAI**

Afon yng Ngwynedd

River in Gwynedd

† **GWYROSYDD**

GWYROSYDD (Daniel James) 1847-1920
Bardd poblogaidd o Abertawe

Popular poet from Swansea

† **GWYTHYR**

O'r Lladin, = buddugwr. Mab Greidawl. Cymeriad yn *Culhwch ac Olwen*

From the Latin, = victor. Son of Greidawl. Character in *Culhwch ac Olwen*

h

● **HAF**

= summer

●† **HAFGAN**

haf = summer + *cân* = song

HAFGAN
Brenin Annwfn

King of the Underworld

● **HAFINA**

Bychanig o "Haf"

Diminutive of "Haf"

● **HAFREN**

O Sabrina, duwies afon Geltaidd. Afon Hafren

From Sabrina, Celtic river goddess. River Hafren = Severn

● **HAFWEN**

haf = summer + *gwen* = fair

† **HARRI**

O'r Lladin "Henricus". Saesneg "Henry"

From Latin "Henricus". English = "Henry"

HARRI GWYN fl.1627
Bardd

Poet

HARRI TUDUR 1457-1509
Daeth i goron Lloegr trwy ennill Brwydr Bosworth dros y Cymry, Awst 7, 1485

Henry VII, became king of England by winning Battle of Bosworth on behalf of the Welsh, August 7, 1485

● **HAWEN**

Afon ger Llangrannog, Ceredigion

River near Llangrannog, Ceredigion

● **HAWYS**

Un o gariadon Hywel ab Owain Gwynedd yn y 12fed ganrif

One of the loves of Hywel ab Owain Gwynedd in the 12th century

●　HAWYSTL
Santes, merch Brychan,
5ed ganrif

Saint, daughter of Brychan,
5th century

●　HEDYDD
ehedydd = skylark

†　HEDD
= peace

HEDD WYN 1887-1917
Enw barddol Ellis Humphrey Evans,
bugail o Drawsfynydd a laddwyd yng
Nghefn Pilkem, Fflandrys, heb gael ei
gadair yn Eisteddfod Penbedw, 1917

Bardic name of Ellis Humphrey Evans, a
shepherd from Trawsfynydd who was
killed at Pilkem Ridge, Flanders, winning
the chair posthumously at Penbedw
(Birkenhead) Eisteddfod, 1917

†　HEDDWYN
hedd = peace + *gwyn* = blessed

†　HEFEYDD
HEFEYDD HEN
Tad Rhiannon yn y Mabinogi

Father of Rhiannon in the Mabinogi

†　HEFIN
= summery

●†　HEILIN
hael = generous
HEILIN FARDD
fl.15fed ganrif

Poet, fl.15th century

†　HEILYN
= wine pourer, waiter

HEILYN FAB GWYN HEN
Un o'r saith ㄱ ddihangodd o'r frwydr
yn Iwerddon yn y *Mabinogi*

One of the seven who escaped from the
battle in Ireland in the *Mabinogi*

GORONWY AP HEILYN fl.1280
Llysgennad Llywelyn II

Ambassador of Llywelyn II

†●　HEINI
= sprightly, active
HEINI FAB NWYTHON
Milwr a aeth i Gatraeth (gw.Aneirin)

Soldier who went to Catraeth (v.Aneirin)

†　HEININ
Bardd a fu'n ymryson yn
erbyn Taliesin, yn chwedl
Taliesin. Bardd yn Llan-
carfan, fl.520-560

Poet who contested against
Taliesin, in tale of *Taliesin.*
Poet at Llancarfan, fl. 520-
560

●　HELEDD
Chwaer Cynddylan ap
Cyndrwyn, tywysog ym
Mhowys yn y 7fed ganrif;
mynega cerddi a gyfan-
soddwyd tua 850 ei theim-
ladau ar farwolaeth
Cynddylan

Sister of Cynddylan ap
Cyndrwyn, prince in Powys in
7th century; poems composed
around 850 express her feelings
feelings at the death of
Cynddylan. Ynysoedd Heledd
= Hebrides

†　HENNIN
HENNIN HENBEN
Tad Garwen, sonir amdano yn yr
englynion beddau

Father of Garwen, mentioned in the
grave verses

† **HERGEST**
Lle ym Mhowys. Llaw-ysgrif *Llyfr Coch Hergest*, tua 1400, yn cynnwys llawer o farddoniaeth a rhyddiaith gynnar Gymraeg

Place in Powys. *Red Book of Hergest* manuscript, around 1400, contains much early Welsh verse and prose

† **HEULFRYN**
haul = sun + *bryn* = hill

● **HEULWEN**
= sunshine

†● **HEULYN**
= ray of sun

† **HININ**
Bardd 1360(?)-1420(?)

Poet 1360(?)-1420(?)

†● **HIRAEL**, ●† **HIRAL**
hir = long + *ael* = brow

† **HIRAETHOG**
Ardal yng Nghlwyd. gw. Gwilym Hiraethog, a Gruffudd Hiraethog

Area of Clwyd. v.Gwilym Hiraethog, and Gruffudd Hiraethog

● **HIRWEN**
hir = long + *gwen* = white

† **HOPCYN**
Enw o'r Fflemeg

Flemish name, Anglicized as "Hopkin"

HOPCYN AP TOMOS c.1330-1403
Uchelwr o Ynystawe, Morgannwg, mab Tomos ab Einion. Noddwr beirdd

Nobleman from Ynystawe, Glamorgan, son of Tomos ab Einion. Patron of bards

● **HUNYDD**
Cariad i Hywel ab Owain Gwynedd yn y 12fed ganrif

Love of Hywel ab Owain Gwynedd in the 12th century

† **HUW**
Hen Almaeneg *Hugi, hugu* = meddwl, calon

Old German *Hugi, hugu* = mind, heart

HUW CAE LLWYD fl.1431-1504
Bardd o Landderfel, Meirionnydd

Poet from Llandderfel, Meirionethshire

HUW CEIRIOG fl.1560-1600
Bardd

Poet

† **HUWCYN**
Bychanig o "Huw"

Diminutive of "Huw"

† **HWFA**
HWFA MÔN
Enw barddol Rowland Williams, 1823-1905, archdderwydd

Bardic name of Rowland Williams, 1832-1905, archdruid

† **HWMFFRE**
gw."Wmffre"

v."Wmffre"

Hywel Dda

Hwfa Môn

† **HYWEL**
= eminent, prominent

HYWEL DDA −950
Tywysog Cymru oll. Casglwr y cyfreithiau Cymreig

Hywel the Good, Prince of all Wales. Collector of the Welsh laws

HYWEL AB OWAIN GWYNEDD −1170
Milwr a bardd

Soldier and poet

o **HYWELA**
Benywaidd "Hywel"

Feminine of "Hywel"

† **HYWYN**
Bachigyn o "Hywel"

Diminutive of "Hywel"

58

† **IAGO**
O'r Hebraeg. Cyfateb i "Jacob" neu "James"

From the Hebrew. Equivalent of "Jacob" or "James"

IAGO AB IDWAL −1039
Brenin Gwynedd

King of Gwynedd

† **IANTO**
Ffurf anwes o "Ifan", "Ieuan" neu "Iago"

Endearment of "Ifan", "Ieuan", "Ieuan" or "Iago"

† **IDLOES**
Llanidloes ym Mhowys

Llanidloes in Powys

† **IDNERTH**
id = iud = lord + *nerth* = strength

MADOG AB IDNERTH fl.1150
Rheolai rhwng Gwy a Hafren

Ruled between Wye and Severn

IDNERTH
Esgob olaf Llanbadarn Fawr

Last bishop of Llanbadarn Fawr

† **IDRIS**
Cader Idris, mynydd ym Meirion

Cader Idris, mountain in Merionethshire; (*cader* = chair)

IDRIS GAWR −632
Swynwr a seryddwr, mab Gwyddno Garanhir

Magician and astronomer, son of Gwyddno Garanhir. (*cawr* = giant)

† **IDWAL**
id = lord + *gwal* = ruler

IDWAL FOEL —942/3
Mab Anarawd ap Rhodri Fawr
Brenin Gwynedd

King of Gwynedd, son of Anarawd ap
Rhodri Fawr

† **IDWALLON**
id = lord + *gwallon* = rule(?)

IDWALLON AB EINON —974

† **IDDAWG**
Cymeriad yn *Breuddwyd
Rhonabwy*, chwedl a geir yn
Llyfr Coch Hergest

Character in *Breuddwyd
Rhonabwy*, tale found in *Red
Book of Hergest*

† **IDDIG**

IDDIG FAB ANARAWG WALLTGRWN
Un o saith tywysog a ofalai am
Gymru tra roedd Bendigeidfran a'i
filwyr yn Iwerddon (o'r *Mabinogi*)

One of seven princes left to defend
Wales when Bendigeidfran and his
soldiers left for Ireland (from the
Mabinogi)

† **IEMWNT**
gw."Edmwnd"

v."Edmwnd"

† **IESTYN**
O'r Lladin "Justinus"

From the Latin "Justinus"

IESTYN SANT
6ed ganrif, cyfoeswr â Dewi

6th century saint, contemporary of
Dewi Sant

IESTYN AP GWRGANT fl.1081-93
Rheolwr annibynnol olaf Morgannwg

Last independent ruler of Glamorgan

† **IEUAF**
= youngest
Cydreolwr Gwynedd a
laddwyd gan ei frawd Iago,
973

Co-ruler of Gwynedd, killed
by his brother Iago, 973

† **IEUAN**
O'r Lladin "Ioannes"

From Latin "Ioannes", form
of "John", "Evan"

IEUAN FARDD/IEUAN BRYDYDD HIR (Evan Evans) 1731-88
Bardd, offeiriad

Poet, clergyman

IEUAN GWYNEDD 1820-52
Gweinidog, newyddiadurwr

Minister, journalist

Ieuan Gwynedd

† **IFAN**
O'r Lladin "Iohannes"
trwy'r ffurf dafodieithol
"Iovannes". Ffurf o
"John", yn ddiweddarach
"Evan"

From the Latin "Iohannes"
through the colloquial
"Iovannes". Form of "John",
later "Evan"

IFANWY
Form of *Evan* or *manwy* = fine, rare

† **IFOR**
O *Iôr* neu o'r Llychlyneg. Sant tua 400

From *Iôr* = lord or Norse. Saint, around 400

IFOR BACH
Daliodd ei arglwydd Normanaidd yng Nghastell Caerdydd

Held his Norman lord in Cardiff Castle. (*bach* = small)

IFOR HAEL
Prif noddwr Dafydd ap Gwilym, o Fasaleg, fl.1340-60

Chief patron of Dafydd ap Gwilym, from Basaleg, Gwent. fl.1340-60. (*hael* = generous)

† **ILAN**
Eglwysilan ger Trefforest, Morgannwg

Eglwysilan, near Trefforest, Glamorgan

● **ILAR**
O'r Lladin *hilarus* = llon. Cyfateb i "Hilary". Llanilar, Ceredigion

From Latin *hilarus* = cheerful. Equivalent of "Hilary". Llanilar, Ceredigion

● **ILID**
Cyfateb i Santes Julitta. Llanilid ym Morgannwg

Equivalent of Julitta, saint. Llanilid, Glamorgan

† **ILLTUD**
Sant o Lydaw 450?-525?, a ddyfeisiodd aradr. Sefydlodd goleg yn Llanilltud

Saint from Britanny 450?-525? who invented a plough. Founded a college at Llan-Fawr lle bu Dewi a Gildas yn ddisgybion

illtud Fawr (Llantwit Major) where Dewi and Gildas were pupils

● **INDEG**
Un o ferched llys Arthur yn *Culhwch ac Olwen*

One of the maids of Arthur's court, in *Culhwch ac Olwen*

† **IOAN**
O'r Lladin "Iohannes". Enw Hebraeg, = "Mae Duw wedi breintio"

From the Latin "Iohannes". Hebrew name. Equivalent of "John", = "Jehovah has favoured"

● **IOLA**
Benywaidd "Iolo"

Feminine of "Iolo"

† **IOLO**
Bachigyn o "Iorwerth"

Diminutive of "Iorwerth"

IOLO GOCH 1320?-1398
Bardd o Ddyffryn Clwyd, cyfaill i Owain Glyndŵr

Poet from Vale of Clwyd, friend of Owain Glyndŵr

IOLO MORGANNWG (Edward Williams) 1747-1826
O Drefflemin, saer maen, bardd, ysgolhaig, hanesydd, crewr pasiant yr Orsedd

From Vale of Glamorgan, mason, poet, scholar, historian, creator of Eisteddfod pageantry

● **IONA**
Ynys ger yr Alban. Ffurf fer o "Ionawr"

Island off Scotland. Short for *Ionawr* = January

● **IONOR**
Ionawr = January

- **IONWEN**
  iôn = lord + *gwen* = white, blessed

† **IORATH**
Ffurf o "Iorwerth"   Form of "Iorwerth"

- **IORWEN**
  iôr = lord + *gwen* = white, blessed

† **IORWERTH**
  iôr = lord + *gwerth* = worth, value
Hen enw Cymreig   Old Welsh name; = "Edward" in English

IORWERTH AP BLEDDYN
Tywysog Powys, 1110   Prince of Powys, 1110
IORWERTH DRWYNDWN — 1174?
Mab hynaf Owain Gwynedd   Eldest son of Owain Gwynedd
IORWERTH FYNGLWYD fl.1480-1527
Bardd o Saint y Brid, Morgannwg   Poet from St. Bride's Major, Glamorgan

† **IOSEFF**
Enw Beiblaidd. O'r Hebraeg   Biblical name. From Hebrew
"Boed i Dduw ychwanegu"   "May Jehovah add" or
neu "Ychwanegodd Duw"   "Jehovah added"

† **IRFON**
Afon ger Llanfair ym Muallt   River near Builth on whose
y lladdwyd Llywelyn ap   bank Llywelyn ap Gruffudd
Gruffudd ar ei glan, 1282   was killed, 1282

- **IRWEN**
  ir = green, fresh + *gwen* = white

† **IRWYN**
  ir = green, fresh + *gwyn* = white

† **ISFAEL**
Sant o'r 6ed ganrif, yn   6th century saint, from Dyfed
Nyfed

† **ISFOEL**
  is = under + *moel* = hill
Bardd o'r Cilie, Ceredigion,   Poet from Cilie farm,
20fed ganrif   Ceredigion, 20th century

† **ISLWYN**
  is = under + *llwyn* = grove
Mynydd yng Ngwent.   Mountain in Gwent.
Bardd 1832-78, William   Poet 1832-78, William Thomas
Thomas

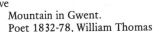

Islwyn

Isfoel

61

† **ITHEL**
ith = *udd* = lord + *hael* = generous
−848, Brenin Gwent   −848, King of Gwent
ITHEL AP CEDIFOR WYDDEL
Lladdwyd yn y 12fed ganrif yn   Killed in 12th century fighting for Owain
ymladd dros Owain Gwynedd   Gwynedd

† **IWAN**
gw."Ifan"   v."Ifan"

J

† **JAC**
O'r Saesneg "Jack"   From the English "Jack"
JAC GLANYGORS (John Jones) 1766-1821
Bardd, llenor, meddyliwr   Poet, writer, thinker

† **JOSEFF**
gw."Ioseff"   v."Ioseff"

L

† **LAWNSLOD**
Bychanig dwbl Ffrengig +   Double French diminutive +
Hen Almaeneg *Lanza, landa*   Old German *Lanza, landa* =
= tir. Un o farchogion   land. One of Arthur's knights,
Arthur; dyfeisiwyd gan   invented by Chrestien de
Chrestien de Troyes   Troyes

62

† **LEFI**
Enw Beiblaidd, o'r Hebraeg   Biblical name, from Hebrew,
= "wedi addo" neu   = "pledged" or "attached"
"gysylltu"

● **LERI**
Bychanig o "Eleri", "Teleri",   Diminutive of "Eleri", "Meleri"
"Teleri", "Meleri"   "Meleri", "Teleri"

† **LEWSYN**
Ffurf o "Lewys"   Form of "Lewys"
LEWSYN YR HELIWR (Lewis Lewis) 1793-?
Un o derfysgwyr Merthyr, 1831   One of the Merthyr rioters, 1831

† **LEWYS**
Hen Almaeneg   Old German "Chlodovech";
"Chlodovech"; *bloda* =   *bloda* = hear + *viga* = fight.
clywed + *viga* = ymladd.   German —"Ludwig", French
Almaeneg —"Ludwig",   —"Louis", English —"Lewis".
Ffrangeg —"Louis",   Used as Anglicization of
Saesneg —"Lewis".   "Llywelyn"
Defnyddiwyd fel Seisnig-
eiddiad o "Llywelyn"
LEWIS GLYN COTHI fl.1450-86
Bardd   Poet

● **LILI**
= "Lily"

LILWEN
lili = lily + *gwen* = white

LISA
Bychanig o "Elisabeth"

Diminutive of "Elisabeth"

LOIS
Enw Beiblaidd —mam
Timotheus

Biblical name —mother of
Timotheus

LONA
Ffurf fer o "Maelona"

Short for "Maelona"

LORA
Cyfateb i "Laura"

Equivalent of "Laura"

LOWRI
Cyfateb i "Laura". Mam yr
Esgob William Morgan a
gyfieithodd y Beibl i'r
Gymraeg, 1588

Equivalent of "Laura".
Mother of Bishop William
Morgan who translated the
Bible into Welsh, 1588

† **LUC**
Enw Beiblaidd, y trydydd
efengylydd

Biblical name —"Luke"

LUNED
Ffurf o "Eluned". *Owain a
Luned* —chwedl ganoloesol

Form of "Eluned". *Owain a
Luned,* tale of Middle Ages

LYDIA
Enw Beiblaidd, merch Joseff
o Nasareth yn ôl yr
Apocryffa

Biblical name, daughter of
Joseph of Nasareth according
to the Apocrypha

●† **LYN**
Bychanig o "Llywelyn".
Bychanig o "Eluned"

Short for "Llywelyn". Short
for "Eluned"

LYNETH
O'r Ffrangeg "Lynette" a
ddaeth o'r Gymraeg
"Eluned"

From the French "Lynette"
which itself came from the
Welsh "Eluned"

LYNFA
glyn = vale + *fa* = place(?)

LYNWEN
glyn = vale + *gwen* = white(?)

Ll

† **LLAWDDEN**
Cywyddwr o Lwchwr,
Morgannwg, fl.1450

Poet from Loughor,
Glamorgan, fl.1450

† **LLAWEN**

Meaning today = joyful

Sant, disgybl i Cadfan. Llanllawen ger Aberdaron

Saint, pupil of Cadfan. Llanllawen near Aberdaron, Arfon

† **LLEFELYS**

Brenin Ffrainc, brawd Lludd yn *Lludd a Llefelys,* chwedl ganoloesol

King of France, brother of Lludd in *Lludd a Llefelys,* mediaeval tale

† **LLEISION**

Cyfateb i "Leyshon"

Equivalent of "Leyshon"

LLEISION AP THOMAS fl.1513-41
Abad olaf Mynachlog Nedd

Last abbot of Neath Abbey

† **LLELO**

Ffurf anwes o "Llywelyn"

Endearment of "Llywelyn"

LLELO LLWYD
Bardd serch o'r 16eg ganrif

Love poet of 16th century

† **LLEU**

= light, fair one

Mab Aranrhod yn y *Mabinogi.* Rhoes Gwydion enw, arfau a gwraig (Blodeuwedd) iddo

Son of Aranrhod in the *Mabinogi.* Gwydion gave him a name, weapons and a wife (Blodeuwedd)

● **LLEUCU**

lleu = light

Un o gariadon Hywel ab Owain Gwynedd, bardd o'r 12fed ganrif

One of the loves of Hywel ab Owain Gwynedd, poet of 12th century

† **LLEUFER**

= light, splendour

† **LLEW**

= lion

Ffurf o "Llywelyn"/ "Llewelyn"

Form of "Llywelyn"/ "Llewelyn"

† **LLIEDI**

Afon Lliedi, Sir Gaerfyrddin. O hen air am lifo, dyfrhau

River Lliedi, Carmarthenshire. From an old word for flow, or to water

† **LLIFON**

Afon yng Ngwynedd

River in Gwynedd

● **LLINOS**

= linnet

● **LLIO**

Bychanig o "Gwenllian"(?)

Short for "Gwenllian"(?)

LLIO RHYDDERCH
Canodd Dafydd Nanmor iddi yn y 15fed ganrif

Dafydd Namnor, poet, sang to her in 15th century

† **LLION**

Caerllion = Caerleon;
Caerllion Fawr = Chester

Caerllion = Caerleon;
Caerllion Fawr = Chester

● **LLUAN**

Santes; Llanlluan, Dyfed

Saint; Llanlluan, Dyfed

† **LLUDD**

Brenin Prydain yn *Lludd a Llefelys,* y chwedl ganoloesol; mab Beli

King of Britain in *Lludd a Llefelys,* the mediaeval tale; son of Beli

† **LLUNWERTH**

llun = form, shape + *gwerth* = value

Esgob Mynyw, 874

Bishop of Mynyw, 874

† **LLWYD**

= grey, holy

Anglicized as "Lloyd"

† **LLWYFO**

LLEW LLWYFO (Lewis William Lewis) 1831-1901
Bardd, nofelydd, newyddiadurwr

Poet, novelist, journalist

† **LLYFNI**

Afon yng Ngwynedd — Llanllyfni

River in Gwynedd —Llanllyfni

† **LLYNFI**

Afon ym Morgannwg, yn llifo i'r Ogwr

River in Glamorgan, flowing into the Ogmore

† **LLŶR**

Tad Branwen a Bendigeidfran yn y *Mabinogi*

English form = "Lear". Father of Branwen and Bendigeidfran in the *Mabinogi*

† **LLYWARCH**

llyw = leader + *march* = horse

LLYWARCH HEN
Tywysog Brythonig o'r 6ed ganrif, y canwyd ei hanes tua 850

Brythonic prince of 6th century whose story was put to verse around 850

† **LLYWEL**

Sant —Llywel, Brycheiniog

Saint —Llywel, Breconshire

† **LLYWELYN,** ● **LLYWELA**

llyw = leader + *eilyn* = likeness(?)

LLYWELYN AP IORWERTH (LLYWELYN FAWR) 1173-1240
Tywysog Gwynedd, tad-cu Llywelyn II

Prince of Gwynedd, grandfather of Llywelyn II (*mawr* = great)

LLYWELYN AP GRUFFUDD (Y LLYW OLAF neu LLYWELYN II) —1282
Ystyrir yn dywysog olaf Cymru (ond dilynwyd ef gan ei frawd Dafydd am ryw 6 mis)

Regarded as last prince of Wales (but he was followed by his brother Dafydd for some 6 months)

Llywelyn II

Macsen Wledig

65

m

● **MABLI**
O'r Lladin, = caradwy.
Cefn Mabli, plas ger
Caerdydd

From Latin, = lovable.
English form = Mabel. Cefn
Mabli, mansion near Cardiff

† **MABON**
= llanc. Duw Celtaidd
ieuenctid, â sawl allor iddo
yn Ewrop. Tad Teilo, 6ed
ganrif

= a youth. Celtic god of
youth, with many altars in
Europe. Father of Teilo, 6th
century

MABON AB IARDDUR
Tad Meilyr Brydydd, tua 1100

Father of Meilyr Brydydd (poet) around
1100

MABON (1842-1922)
Enw barddol William Abraham, AS
y Rhondda, llywydd cyntaf Glowyr
De Cymru

Bardic name of William Abraham, MP
for Rhondda, first president of South
Wales miners

† **MACSEN**
Lladin —"Maximus"

Latin —"Maximus"

MACSEN WLEDIG
Arweiniai'r Brythoniaid tua 383 yn
erbyn Ymerawdwr Gratian yng Ngâl,
a rheoli yng Ngâl, Sbaen a Phrydain

Led the Britons around 383 against
Emperor Gratian in Gaul, and ruled
Gaul, Spain and Britain

† **MACHNO**
Afon yng Ngwynedd —
Penmachno

River in Gwynedd —
Penmachno

† **MACHRETH**
Llanfachreth — pentref ym
Môn a Meirion

Llanfachreth — village in
Anglesey and Merioneth

● **MADLEN**
Enw Beiblaidd, o'r Hebraeg

Biblical name, from Hebrew —
"Magdalene"

† **MADOG**
mad = fortunate
Sant cynnar, disgybl i Dewi.
Mab Owain Gwynedd;
darganfu America yn y
12fed ganrif

Early saint, pupil of Dewi.
Son of Owain Gwynedd;
discovered America in 12th
century

MADOG AP GRUFFUDD — 1236
Arglwydd Powys   Lord of Powys
MADOG AP MAREDUDD — 1160
Arglwydd Powys   Lord of Powys

†● **MADRUN**
Carn Madrun, Llŷn. Merch
Gwrthefyr yn y 5ed ganrif

Carn Madrun, Llŷn,
Caernarfonshire. Daughter of
Gwrthefyr in 5th century

†● **MADRYN**
gw."Madrun"

v."Madrun"

† **MAEL**
= prince

† **MAELGAD**
mael = prince + *cad* = battle

† **MAELGWN**
= defender, prince or dog of battle

MAELGWN GWYNEDD – 547
Gorwyr Cunedda. Arweinydd mwyaf ei ganrif

Great-grandson of Cunedda. Greatest leader of his century

MAELGWN AB OWAIN GWYNEDD – 1174

† **MAELGWYN**
gw."Maelgwn"

v."Maelgwn"

† **MAELOG**
mael = battle or prince

† **MAELOGAN**
mael = prince
Bychanig o "Maelog".
Nant ar Foel Faelogan, ger Llanrwst

Diminutive of "Maelog".
Stream on Moel Faelogan, near Llanrwst

† **MAELON**
mael = prince
Cariad Santes Dwynwen

Love of Saint Dwynwen

• **MAELONA**
Benywaidd "Maelon"

Feminine of "Maelon"

† **MAELOR**
Ardal yng Nghlwyd

Area in Clwyd

• **MAELORWEN**
Maelor + *gwen* = white

† **MAELRYS**
mael = prince + *rhys* = rushing
Ŵyr Ynyr Llydaw, 6ed ganrif

Grandson of Ynyr Llydaw, 6th century

† **MAELWAS**
mael = prince + *gwas* = servant, youth
Dygodd ymaith Wenhwyfar yn y chwedl Arthuraidd

He took away Gwenhwyfar in the Arthurian tale

• **MAGDALEN**
O'r Hebraeg, gwraig o Fagdala. Enw Beiblaidd, Mair Magdalen

From the Hebrew, a woman of Magdala. Biblical name, Mary Magdalene

• **MAI**
= May

• **MAIR**
O'r Hebraeg —plentyn a ddymunwyd. Enw Beiblaidd

From Hebrew, a wished-for child. Biblical name —"Mary"

• **MAIRWEN**
Mair + *gwen* = blessed

† **MALDWYN**
Hen Almaeneg "Baldavin"; *balda* = dewr, *vini* = cyfaill. Sir Drefaldwyn o Baldwin, Arglwydd Normanaidd

Old German "Baldavin"; *balda* = bold, *vini* = friend. Sir Drefaldwyn, Montgomeryshire, from Baldwin, Norman Lord

● **MALEN**
gw."Magdalen"

v."Magdalen"

● **MALI**
Llysenw am "Mair"

Form of "Mary" —equivalent of "Molly"

● **MALLT**
Hen Almaeneg, "Mahthildis"; *mahti* = nerth, *hildi* = brwydr. Cyfateb i "Matilda", "Maude"

Old German "Mahthildis"; *mahti* = strength, *hildi* = battle. Equivalent of "Matilda", "Maude"

† **MANAWYDAN**
Mab Llŷr, brawd Bendigeidfran, yn y *Mabinogi*

Son of Llŷr, brother of Bendigeidfran, in the *Mabinogi*

●† **MANOD**
Mynydd ym Meirionnydd

Mountain in Merionethshire

● **MANON**
= queen, paragon of beauty

● **MARARAD**
gw."Marared"

v."Marared"

● **MARARED**
Merch Gruffudd ap Cynan ac Angharad. gw."Marged"

Daughter of Gruffudd ap Cynan and Angharad. v. "Marged"

† **MARC**
Enw Beiblaidd, yr ail Efengylydd

Biblical name —"Mark"

● **MARCHELL**
Merch Tewdrig, pennaeth Brycheiniog, mam Brychan Brycheiniog

Daughter of Tewdrig, chief of Brecon, mother of Brychan Brycheiniog

† **MARCHUDD**
march = horse + *udd* = lord

● **MARED**
Ffurf o "Marged"

Form of "Marged"

† **MAREDUDD**
= great lord

MAREDUDD AB OWAIN —998
Wyr Hywel Dda
Grandson of Hywel Dda
MAREDUDD AP RHYS GRYG —1271
Tywysog Deheubarth
Prince of South-west Wales

- **MARGED**

O'r Roeg, = perl

From Greek, = pearl.
Equivalent of "Margaret"

MARGED FERCH IFAN 1696-1801(?)
Tafarnwraig a diddanwraig

Tavern keeper and entertainer

- **MARGIAD**

Ffurf o "Marged" yng
Ngogledd Cymru

Form of "Marged" in North
Wales

- **MARGRED**

gw."Marged"

v."Marged"

- **MARI**

Amrywiad o "Mair"

Variant of "Mair"

- **MARIAN**

Bychanig o "Mari"

Diminutive of "Mari"

† **MARLAIS**

mawr = big + *clais/glas* = ditch, stream or blue
Enw dwy afon yn Nyfed   Name of two rivers in Dyfed

† **MARTYN**

Lladin "Martinus" (o
Mawrth)

Latin "Martinus" (from Mars)

DAFYDD MARTYN
Wyr yr Arglwydd Rhys, esgob Mynyw
(1293-1328)

Grandson of Lord Rhys, bishop of
Menevia (1293-1328)

† **MATH**

Ffigur hanner chwedlonol,
hanner duw, yw Math fab
Mathonwy, Arglwydd
Gwynedd, y swynwr a
greodd Flodeuwedd gyda
Gwydion

Half god, half legendary
figure. Math fab Mathonwy,
Lord of Gwynedd, the magi-
cian who created Blodeuwedd
with Gwydion

† **MATHEW**

O'r Hebraeg, rhodd Duw.
Enw Beiblaidd, yr
Efengylydd cyntaf

From the Hebrew —gift of
Jehovah. Biblical name —
"Matthew"

† **MATHOLWCH**

Brenin Iwerddon a briododd
â Branwen yn y *Mabinogi*

King of Ireland who married
Branwen in the *Mabinogi*

† **MATHONWY**

Tad Math

Father of Math

† **MECHAIN**

gw.*Gwallter* Mechain

v.*Gwallter* Mechain

- **MEDENI**

Medi = September + *geni* — to be born

- **MEDI**

= September

69

† **MEDRAWD**
medd = own + *rhawd* = course or host

Un o farchogion Arthur a fu farw gydag ef ym mrwydr Camlan

One of Arthur's knights who died with him in the battle of Camlan

† **MEDROD**
gw."Medrawd"

v."Medrawd"

● **MEDWEN**
Santes Mawdwen —lleian i St. Padrig, neu gw. "Medwyn"

Saint Mawdwen, nun to St. Patrick, or v."Medwyn"

† **MEDWYN**
Sant Medwyn; dydd gŵyl, Ionawr 1

Saint Medwyn; celebrated January 1

● **MEFIN**
Mehefin = June

● **MEG**
gw."Marged"

v."Marged"

● **MEGAN**
Ffurf o "Meg"

Form of "Meg"

† **MEIC**
gw."Meical"

v."Meical"

† **MEICAL**
O'r Hebraeg —"Pwy sy fel yr Arglwydd?" Un o'r archangylion

From Hebrew —"Who is like the Lord?" One of the archangels

† **MEIDRYM**
Lle yn Nyfed

Place in Dyfed

† **MEILIR**
gw."Meilyr"

v."Meilyr"

† **MEILYG**
MEILYG FAB CAW
Sonir amdano yn *Culhwch ac Olwen*

Mentioned in *Culhwch ac Olwen*

† **MEILYR**
MEILYR BRYDYDD fl.1100-37
Un o'r gogynfeirdd cyntaf, bardd llys i Gruffudd ap Cynan yn Aberffraw, Môn

One of the earliest poets of the princes. Court poet to Gruffudd ap Cynan at Aberffraw, Anglesey

†● **MEILYS**
Enw ym Maldwyn

Name in old Montgomeryshire

● **MEINIR**
= maiden

● **MEINWEN**
main = slender + *gwen* = white. Maiden

† **MEIRCHION**
meirch = horses

• **MEIRIAN**
Merch Richard Morris,(1703 (1703-79) ysgolhaig o Fôn — Daughter of Richard Morris, (1703-79) scholar from Anglesey

† **MEIRION,** • **MEIRIONA**
= dairyman
Ŵyr Cunedda, mab Tybion, a roes ei enw i ran o Wynedd — Grandson of Cunedda, son of Tybion, who gave his name to a part of Gwynedd

• **MEIRIONWEN**
Meirion + *gwen* = white

• **MEIRWEN**
Mair + *gwen* = blessed

• **MELANGELL**
Merch Tudwal ap Ceredig. Nawddsant anifeiliaid; eglwys iddi yn Llanfihangel-y-Pennant, Sir Drefaldwyn — Daughter of Tudwal ap Ceredig. Patron saint of animals; church dedicated to her at Llanfihangel-y-Pennant, Montgomeryshire

• **MELERI**
Eleri + *my* endearment = my

Mamgu Dewi, merch Brychan Brycheiniog — Grandmother of Dewi, daughter of Brychan Brycheiniog

† **MELFYN**
Ffurf o "Merfyn"(?) — Form of "Merfyn"(?)

• **MEN**
Cariad Eifion Wyn yn ei gerddi — Love of Eifion Wyn in his poems

• **MENAI**
Afon Menai — Menai Straits

• **MENNA**
Cariad Alun Mabon yn y gerdd gan Ceiriog. — Love of Alun Mabon in the poem by Ceiriog

† **MEREDUDD**
gw."Maredudd" — v."Maredudd"
MEREDUDD AP RHYS fl.1450-85
Uchelwr, bardd ac offeiriad o Riwabon — Nobleman, poet and clergyman from Ruabon

• **MERERID**
= carreg werthfawr — = precious stone
gw."Marged" — v."Marged"

† **MERFYN**
MERFYN FRYCH −844
Brenin Gwynedd, tad Rhodri Fawr — King of Gwynedd, father of Rhodri Fawr (*mawr* = great)

71

● **MERIEL**
Tarddiad Celtaidd.
Gwyddeleg "Muirgheal";
muir = môr + *geal* = disglair

Celtic origin. Irish
"Muirgheal"; *muir* = sea +
geal = bright

● **MERIERID**
gw. "Mererid"

v. "Mererid"

● **MERYL**
Amrywiad o "Meriel"

Variant of "Meriel"

● **MEUDWEN**
meudwy = hermit + *gwen* = blessed(?)

† **MEURIG**
O'r Lladin "Mauricius".
Afon yng Ngheredigion,
Ystrad Meurig

From the Latin "Mauricius".
River in Ceredigion, Ystrad
Meurig

MEURIG AP TEWDRIG
Brenin Glywysing, Morgannwg, 6ed
ganrif, tadcu Morgan

King of Glywysing, Glamorgan, 6th
century. Grandfather of Morgan

MEURIG AP DYFNWALLON
Pennaeth Ceredigion tua 850

Chief of Ceredigion around 850

† **MEURYN**
Hen enw afon. Ai o *meiriol*
= dadmer? Neu *my* anwes +
euryn

Old river name. From *meiriol*
= thaw? Or *my* endearment +
euryn = gold one

† **MIALL**
D. MIALL EDWARDS
Llenor a gwladgarwr 20fed ganrif

Writer and patriot, 20th century

† **MIHANGEL**
Haf bach Mihangel = Indian summer
Gall ddod o Michael,
archangel

Equivalent of "Michael".
Could be from Michael, the
archangel

● **MODLEN**
gw. "Madlen"

v. "Madlen"

● **MODRON**
Duwies Geltaidd —y fam
fawr

Celtic Goddess, the great
mother

† **MOELWYN**, ● **MOELWEN**
moel = hill + *gwyn* = white
Mynydd ger Ffestiniog

Mountain near Ffestiniog

† **MÔN**
= Anglesey

● **MONA**
Gwyddeleg "Muadhnait";
muadh = bonheddig. Enw
santes Wyddelig. Neu *Môn*
+ *a*

Irish "Muadhnait"; *muadh* =
noble. Name of Irish saint.
Or *Môn* (Anglesey) + *a* (fem-
inine suffix)

72

† **MORDEYRN**
mawr = great + *teyrn* = ruler

† **MOREN**

Sonir amdano yn *Culhwch ac Olwen*	Mentioned in *Culhwch ac Olwen*

† **MORFAEL**
mawr = great + *mael* = prince

MORFAEL AP CYNDRWYN

Sant o'r 6ed ganrif	Saint of 6th century

† **MORFRAN**
mor = great + *brân* = crow

Mab Tegid, un o farchogion Arthur	Son of Tegid, one of Arthur's knights

● **MORFUDD**

Merch Urien Rheged, yn ôl *Culhwch ac Olwen*. Un o gariadon Dafydd ap Gwilym Gwilym, 14eg ganrif	Daughter of Urien Rheged, according to *Culhwch ac Olwen*. One of the loves of Dafydd ap Gwilym, 14th century

† **MORGAN**
môr = sea or *mawr* = great + *can* = bright or *cant* = circle, or equivalent of Irish "Muirgen"

Gall gyfateb i'r Wyddeleg "Muirgen". Wyr i Meurig ap Tewdrig, a roes ei enw i	Grandson of Meurig ap Tewdrig, who gave his name to Morgannwg; fl.730

Forgannwg; fl.730

MORGAN HEN –973

Rheolai yng ngwlad Morgan, felly'r enw "Glamorgan"	Ruled in 'Gwlad (country) Morgan', hence the name "Glamorgan"

† **MORGANT**

Brenin a ymladdodd gydag Urien Rheged	King who fought with Urien Rheged

MORGANT HAEL

Cyfeiriad ato yn *Culhwch ac Olwen*	Mentioned in *Culhwch ac Olwen*

† **MORIEN**
môr = sea/*mawr* = great + *geni* = born(?)

Milwr a aeth i Gatraeth. (gw.Aneirin)	Soldier who went to Catraeth. (v.Aneirin)

† **MORLAIS**
môr = sea or *mawr* = great + *llais* = voice or *clais* = ditch

† **MORUS**

O'r Lladin "Mauricius" (cym. (cym."Meurig")	From Latin "Mauricius" (cf. "Meurig")

MORUS AP DAFYDD fl.1523-90

Bardd o Eifionydd	Poet, from Eifionydd, Caernarfonshire

● **MORWEN**
morwyn = maid or *mawr* = great or *môr* = sea or *mor* = so + *gwen* = white

● **MORWENNA**

Ffurf o "Morwen"	Form of "Morwen"

† **MOSTYN**
Enw lle ger y Fflint

Place near Flint

• **MWYNEN**
mwyn = gentle
Santes, merch Brychan, 5ed ganrif

Saint, daughter of Brychan 5th century

• **MWYNWEN**
mwyn = gentle + *gwen* = white

• **MYFANWY**
Endearing *my* + *manwy* = fine, rare

MYFANWY FERCH TUDUR TREFOR
Testun cerdd gan Hywel ab Einion Llygliw (1350-90)

Subject of poem by Hywel ab Einion Llygliw (1350-90)

• **MYFI**
Bychanig o "Myfanwy"

Short for "Myfanwy"

• **MYFINA**
Ffurf o "Myfi"

Form of "Myfi"

† **MYFYR**
= muse, study
Lladin *memoria* = cof

Latin *memoria* = memory

MYFYR MORGANNWG
Enw barddol Evan Davies, 1801-88, archdderwydd

Bardic name of Evan Davies, 1801-88, archdruid

MYFYR WYN (William Williams) 1849-1900
Bardd, gof, hanesydd o Dredegar

Poet, smith, historian from Tredegar

74

† **MYMBYR**
Enw person a nant yng Ngwynedd

Person's name, and stream in Gwynedd

† **MYNYDDOG**
mynydd = mountain
Newydd Fynyddog, mynydd ger Llanbrynmair

Newydd Fynyddog, mountain near Llanbrynmair

MYNYDDOG MWYNFAWR
Ei osgordd ef a aeth i Gatraeth (gw. Aneirin)

His troop went to Catraeth (v.Aneirin)

MYNYDDOG (Richard Davies) 1833-77
Bardd, datgeiniad, ac arweinydd eisteddfodau, o Lanbrynmair

Poet, singer and eisteddfod compere of Llanbrynmair

† **MYRDDIN**
Myrddin Emrys, swynwr yn llys y Brenin Arthur. Caerfyrddin

Myrddin Emrys (Merlin), magician in King Arthur's court. Caerfyrddin = Merlin's fort

Mynyddog

Niclas y Glais

N

† **NANTLAIS**
nant = stream + *clais* = ditch or *llais* = voice

NANTLAIS WILLIAMS 1874-1959
Emynydd a phregethwr   Preacher and hymnwriter

†● **NEFYDD**
Merch Brychan, 5ed ganrif. Enw barddol William Roberts Roberts, 1813-72, gweinidog gweinidog, argraffydd, llenor

Daughter of Brychan, 5th century. Bardic name of William Roberts, 1813-72, minister, printer, writer

●† **NEFYN**
Nefyn, Arfon. Merch Brychan, 5ed ganrif

Nefyn in Arfon. Daughter of Brychan, 5th century

† **NEIFION**
= Neptune

† **NEIRIN**
gw."Aneirin"

v."Aneirin"

● **NERYS**
Feminine of *nêr* = lord

● **NEST**
Bychanig o "Agnes". Mamgu Gerallt Gymro, meistres Harri 1af o Loegr, tua 1100

Diminutive for "Agnes". Grandmother of Gerallt Gymro, mistress of Henry 1st around 1100

NEST FERCH RHYS AP GRONW
Gwraig Ifor Hael tua 1350   Wife of Ifor Hael around 1350
NEST FERCH CADELL
Merch Cadell, Tywysog Powys tua 800

Daughter of Cadell, Prince of Powys around 800

● **NESTA**
Amrywiad o "Nest"

Variant of "Nest"

● **NIA**
Yn ôl chwedloniaeth Wyddelig aeth Nia gydag Osian i Dir na n-Og

According to Irish legend, Nia went with Osian to Tir na n-Og, land of youth

† **NICLAS**
O'r Roeg = buddugoliaeth + pobl. Cyfateb i "Nicholas"

From Greek, = victory + people. Equivalent of "Nicholas"

NICLAS Y GLAIS (Thomas Evan Nicholas) 1879-1971
Bardd a Chomiwnydd   Poet and Communist

† **NIDIAN**
Sant cynnar

Early saint

† **NINIAN**
Sant cynnar, −432. Parc Ninian, Caerdydd

Early saint, −432. Ninian Park, Cardiff

75

† **NISIEN**
Mab Euroswydd, hanner brawd Bendigeidfran yn y *Mabinogi*

Son of Euroswydd, half brother of Bendigeidfran in the *Mabinogi*

● **NON**
Santes, 5ed-6ed ganrif, merch Cynyr, mam Dewi. Dydd gŵyl, Mawrth 2

Saint, 5th-6th century, daughter of Cynyr, mother of Dewi; celebrated, March 2nd

● **NONA**
Amrywiad o "Non". Neu o'r Lladin, = 9fed

Variant of "Non". Or from Latin, = 9th

● **NONNA**
Amrywiad o "Non"

Variant of "Non"

● **NORA**
Ffurf Wyddeleg o'r Lladin *honora* = enw da

Irish form of Latin *honora* = reputation

† **NUDD**
Ffigur chwedlonol

Legendary figure

EDERN FAB NUDD
Swynwr a brawd brenin Annwfn

Magician and brother of the King of the Underworld

GWYN AP NUDD
Duw'r cymylau a'r awyr

God of clouds and air

O

† **OGWEN**
Afon a dyffryn yng Ngwynedd

River and valley in Gwynedd

● **OLWEN**
ôl = trace + *gwen* = white
Merch Ysbaddaden Bencawr yn *Culhwch ac Olwen*. Roedd meillion yn tyfu lle y cerddai

Daughter of Ysbaddaden Bencawr (= chief giant) in *Culhwch ac Olwen*. Clovers grew where she walked

† **ONFAEL**
Pentref ym Mrycheiniog

Village in Breconshire

† **ONLLWYN**
onn = ash + *llwyn* = grove
Pentref yng nghwm Dulais, Morgannwg

Village in Dulais valley, Glamorgan

† **ORCHWY**
Afon, Treorci, Morgannwg

River —Treorci, Glamorgan

† **ORIG**
gw."Orwig"

v."Orwig"

† **ORWIG**
Dinorwig, Sir Gaernarfon.
Din = amddiffynfa

Dinorwig, Caernarfonshire.
Din = defence

† **OSFAEL**
Mab Cunedda

Son of Cunedda

† **OSIAN**
Bardd yn chwedloniaeth
Iwerddon

Poet in Irish legend

† **OSWALLT**
Hen Saesneg *os* = duw,
weald = nerth. Croesoswallt.
Cyfateb i "Oswald"

Old English *os* = god, *weald* =
power. Croesoswallt =
Oswestry. Equivalent of
"Oswald"

† **OWAIN**
O'r Hen Gelteg, = wedi'i
eni'n dda

From Old Celtic, = well born

OWAIN GWYNEDD c.1100-71
Brenin Gwynedd

King of Gwynedd

OWAIN GLYNDŴR *– gw."Glyndŵr"/see "Glyndŵr"*

† **OWEN**
gw."Owain"

v."Owain"

OWEN MORGAN EDWARDS 1858-1920
Hanesydd, llenor, cyhoeddwr

Historian, writer, publisher

p

† **PADARN**
Lladin *paternus* = tadol.
Sant o'r 6ed ganrif, ŵyr
Ynyr Llydaw, un o dri phrif
sant de Cymru

Latin *paternus* = fatherly.
6th century saint, grandson of
Ynyr Llydaw, one of three
main saints of South Wales

PADARN BEISRUDD
Tad-cu Cunedda

Grandfather of Cunedda

† **PADRIG**
Lladin *patricus* = bonhedd-
wr. Nawddsant Iwerddon,
o ddyffryn Hafren, −461

Latin *patricus* = nobleman.
Patron saint of Ireland, from
vale of Severn, −461

† **PASGEN**
pasg = easter
Mab Brychan Brycheiniog

Son of Brychan Brycheiniog

† **PAWL**
Enw Beiblaidd. Lladin
paulus = bach

Biblical name — Paul. Latin
paulus = small

PAWL HEN
Abad y Tŷ Gwyn, addysgwr Dewi
Sant

Abbot of White House, educator of Dewi
Sant

† **PEBLIG**

Sant —Llanbeblig, Gwynedd. Mab i Helen (Elen Lwyddog) gwraig Macsen Wledig

Saint, —Llanbeblig, Gwynedd. Son of Helen (Elen Lwyddog) wife of Macsen Wledig

† **PEDR**

Enw Beiblaidd. Groeg *petros* = carreg, craig

Biblical name —Peter. Greek *petros* = stone, rock

PEDR FARDD (Peter Jones) 1775-1845
Bardd ac emynydd

Poet and hymnwriter

PEDR HIR (Peter Williams) 1847-1922
Llenor, eisteddfodwr, gweinidog o Ddyffryn Clwyd

Writer, literary figure, minister from Vale of Clwyd

† **PEDRAN**

Ffurf anwes o "Pedr". Tad Padarn sant. Nant ar ffin Penfro a Chaerfyrddin

Endearment of "Pedr". Father of saint Padarn. Stream between Pembroke and Carmarthen

† **PEDROG**

Sant o'r 6ed ganrif, mab Glywys, Brenin Morgannwg; dydd gŵyl —Mehefin 4. Llanbedrog, Gwynedd

Saint of 6th century, son of Glywys, King of Glamorgan; celebrated June 4. Llanbedrog, Gwynedd

† **PENNAR**

pen = head + *ar* = *ardd* = hill

Nant yn llifo i'r Taf, — Aberpennar

Stream flowing into Taff — Aberpennar

† **PENNANT**

pen = head + *nant* = stream

Cwm Pennant, Gwynedd

Cwm Pennant, Gwynedd

† **PENRI**

= ap Henri

= ap Henri

JOHN PENRI 1536-93
Piwritan a merthyr o Gefn Brith, Brycheiniog

Puritan and martyr from Cefn Brith, Breconshire

† **PENWYN**

pen = head + *gwyn* = white

† **PEREDUR**

Peredur Fab Efrog, un o chwedlau'r oesoedd canol

Peredur Fab Efrog, one of the tales of the Middle Ages, — "Percival"

† **PERIS**

Llyn Peris, Llanberis, Arfon

Peris lake, Llanberis, Caernarfonshire

† **PERYF**

PERYF AP CEDIFOR WYDDEL fl.1170
Brawd maeth i Hywel ab Owain Gwynedd

Foster brother of Hywel ab Owain Gwynedd

● **PETRA**

Lladin *petra* = carreg

Latin *petra* = stone

† **PETRAN**

Bychanig o "Pedr"

Diminutive of "Pedr"

† **PLENNYDD**
Un o'r beirdd cynharaf yn ôl traddodiad

One of the earliest poets according to tradition

† **POWEL**
= ap Hywel

= ap Hywel

† **POWYS**
Hen deyrnas a sir

Old kingdom and county

† **PROSSER**
= ap Rhosier
E. PROSSER RHYS 1901-45
Bardd

= ap Rhosier

Poet

Prosser Rhys

† **PRYDERI**
pryder = care, concern
Mab Pwyll a Rhiannon yn y *Mabinogi*. Roedd pryder ar ôl iddo fynd ar goll

Son of Pwyll and Rhiannon in the *Mabinogi*. There was concern after he was lost

● **PRYDWEN**
pryd = complexion + *gwen* = white
Enw llong Arthur

Name of Arthur's ship

† **PRYDWYN**
pryd = complexion + *gwyn* = white

† **PRYDDERCH**
= ap Rhydderch

= ap Rhydderch

† **PRYS**
= ap Rhys

= ap Rhys

† **PRYSOR**
Nant yn Sir Feirionnydd, y canodd Hedd Wyn amdani

Stream in Merionethshire, made well-known in poem by Hedd Wyn

● **PRYSORWEN**
Prysor + *gwen* = white

† **PWYLL**
= discretion, steadiness
Pendefig Dyfed, gŵr Rhiannon

Lord of Dyfed, husband of Rhiannon

† **PYRS**
Gall fod fel "Pearse", o "Pedr", neu fel "Perys". Esgob Tŷ Ddewi, 1176-98

Could be like "Pearse", from "Pedr" ("Peter"), or like "Perys". Bishop of St. David's, 1176-98

ph

† **PHYLIP**
O'r Roeg, = carwr ceffylau.
Enw Beiblaidd, un o'r
apostolion
PHYLIP BRYDYDD fl.1222
Bardd
PHYLIP GOCH — 1280
Abad Ystrad Fflur

From Greek, = lover of horses.
Biblical name —"Philip"

Poet

Abbot of Ystrad Fflur (Strata Florida)

R

● **RAINILLT**
Merch Gruffudd ap Cynan
ac Angharad

Daughter of Gruffudd ap
Cynan and Angharad

● **REBECA**
Enw Beiblaidd. Terfysg
Rebeca yn Sir Gaerfyrddin
yn y 19eg ganrif

Biblical name. Rebeca riots in
Carmarthenshire in 19th
century

† **ROBAT**
Hen Almaeneg "Hrodebert";
hrothi = enwogrwydd,
bertha = disglair

Old German "Hrodebert";
hrothi = fame, *bertha* =
bright, —"Robert"

80

† **ROBET**
gw."Robat"

v."Robat"

† **ROBYN**
Bychanig o "Robat"

Diminutive of "Robat" —
"Robin"

ROBYN DDU fl.1450
Cywyddwr
Poet
ROBYN DDU ERYRI (Robert Parry)
Bardd   1804-92   Poet

Robyn Ddu Eryri

† **RODRIC**
Hen Almaeneg "Hrodric";
hrothi = enwogrwydd, *ricja*
= teyrnasiad. Cyfetyb
hefyd i "Rhydderch"

Old German "Hrodric";
hrothi = fame, *ricja* = rule.
Also equivalent of
"Rhydderch"

† **ROLANT**
Hen Almaeneg "Hrodland";
hrothi = enwogrwydd, *landa*
= tir

Old German "Hrodland";
hrothi = fame, *landa* = land

† **RONW**
gw."Goronwy"

v."Goronwy"

● **RONWEN**
gw."Rhonwen"

v."Rhonwen"

Rh

● **RHAGNELL**

Merch y brenin Olaf o Ddulyn, a mam Gruffudd ap Cynan, 11eg ganrif

Daughter of King Olaf of Dublin, and mother of Gruffudd ap Cynan, 11th century

† **RHAIN**
= lance, spear

Mab Brychan

Son of Brychan

RHAIN AP CADWGAN −808
Brenin Dyfed

King of Dyfed

† **RHEGED**

Hen diriogaeth Frythonig, yng ngogledd Lloegr

Old Welsh or Brythonic territory in North England

† **RHEINALLT**

Hen Saesneg *regen* = nerth + *weald* = grym. Neu *Rhain* + *allt*

Old English *regen* = strength + *weald* = power. Or *Rhain* + *allt* = hill

HYWEL AP RHEINALLT fl.1471-94
Bardd

Poet

● **RHIAIN**
= maiden

● **RHIAN**
gw."Rhiain"

v."Rhiain"

● **RHIANEDD**
gw."Rhian"

v."Rhian" (= maidens)

● **RHIANGAR**
rhian = maiden + *car* = love

● **RHIANNON**
= nymph, goddess

Gwraig Pwyll a mam Pryderi yn y *Mabinogi*. Duwies ceffylau

Wife of Pwyll, and mother of Pryderi in the *Mabinogi*. Horse goddess

● **RHIANWEN**
rhian = maid + *gwen* = white

● **RHIANYDD**
Amrywiad o "Rhian"

Variation of "Rhian"

† **RHIRID**
rhi = ruler + *rhidd* = repel(?)

RHIRID FLAIDD fl.1160
Noddwr, Arglwydd ym Mhowys

Patron, lord in Powys (*blaidd* = wolf)

† **RHISIART**

Hen Saesneg *ric* = rheolwr + *beard* = caled

Old English *ric* = ruler + *beard* = hard. (Equivalent of "Richard")

RHISIART FYNGLWYD fl.1510-70
Bardd   Poet

†   **RHIRYD**
gw."Rhirid"   v."Rhirid"

RHIRYD AP BLEDDYN
Lladdwyd gan yr Arglwydd Rhys yn   Killed by Lord Rhys in 11th century
yr 11eg ganrif

†   **RHIWALLON**
    rhi = ruler + *gwallon* = ruler(?)
RHIWALLON AP CYNFYN — 1070
Brenin Powys   King of Powys

†   **RHOBAT**
gw."Robat"   v."Robat"

†   **RHOBET**
gw."Robat"   v."Robat"

†   **RHODRI**
    rhod = circle + *rhi* = ruler
RHODRI FAWR — 877
Brenin Gwynedd, Powys a Deheubarth   King of Gwynedd, Powys and South
Deheubarth. Mab Merfyn Frych a   West Wales. Son of Merfyn Frych and
Nest   Nest

●   **RHONA**
Bychanig o "Rhonwen"   Diminutive of "Rhonwen"

†   **RHONABWY**
Breuddwyd Rhonabwy,   *Breuddwyd Rhonabwy*

chwedl tua 1220   (*breuddwyd* = dream), a tale
                                                written around 1220

●   **RHONWEN**
Ffurf Gymraeg "Rowena".   Welsh form of "Rowena".
Merch Hengist, yr ymserch-   Daughter of Hengist, with
odd Gwrtheyrn ynddi, yn   whom Gwrtheyrn (Vortigern)
ôl Sieffre o Fynwy. Gall   fell in love, according to
fod o'r Hen Saesneg *hreod*   Geoffrey of Monmouth.
= enwogrwydd, + *wine* =   Could be from Old English
cyfaill   *hreod* = fame, + *wine* = friend

†   **RHOSIER**
Hen Almaeneg "Hrodgar";   Old German "Hrodgar"; *hroth*
hrothi = enwogrwydd, *ger* =   *hrothi* = fame, *ger* = spear.
gwayw   English "Roger", "Rosser"

●†   **RHOSLYN**
    rhos = rose or moor + *lyn* = *glyn* = valley; or from
    Luned

†   **RHUFON**
Mab Cunedda. Rhufoniog,   Son of Cunedda. Rhufoniog, a
ardal rhwng Clwyd a   district between Clwyd and
Chonwy. O *Romanus*,   Conwy. From *Romanus*,
Rhufeiniwr   Roman

†   **RHUN**
    = grand
Cymeriad yn chwedl   Character in tale of *Taliesin*
Taliesin

RHUN AP URIEN RHEGED
6ed ganrif | 6th century
RHUN AP MAELGWN GWYNEDD fl.550
Rheolwr gogledd-orllewin Cymru | Ruler of North-West Wales
RHUN AB OWAIN GWYNEDD —1145
Tywysog | Prince

o   **RHUNEDD**
Benywaidd "Rhun" | Feminine of "Rhun"

†   **RHYDIAN**
Sant cynnar. Llanrhydian | Early Saint. Llanrhydian

†   **RHYDWEN**
rhyd = ford + *gwen* = white

†   **RHYDDERCH**
rhi = ruler + *derch* = exalted(?)
RHYDDERCH HAEL neu HEN fl.590
Disgynnydd i Coel, ymladdodd gydag Urien | Descendant of Coel, fought with Urien

†   **RHYGYFRACH**
Un o 4 mab Sulien Ddoeth; mynach a ysgrifennodd Fuchedd Dewi, 11eg ganrif | One of 4 sons of Sulien Ddoeth (*doeth* = wise); monk who wrote Life of St. David, 11th century

†   **RHYS**
= ardour. Anglicized as "Rees"
RHYS AP TEWDWR —1093
Brenin Deheubarth | King of South-west Wales
RHYS AP GRUFFUDD 1132-97
Arglwydd Deheubarth | Lord of South-west Wales

†   **RHYSTUD**
Sant o'r 6ed ganrif. Llan-rhystud, Dyfed

Saint of 6th century. Llan-rhystud, Dyfed

Rhys ap Gruffudd

S

†   **SADWRN**
Sant cynnar. Llansadwrn, Sir Gaerfyrddin | Early saint, Llansadwrn, Carmarthenshire

†   **SAMLET**
Sant. Llansamlet, Abertawe | Saint. Llansamlet, Swansea

†   **SAMSON**
Tarddiad Celtaidd neu Hebraeg; yn Hebraeg, = mab Shamash (duw'r haul) | Celtic or Hebrew origin; in Hebrew, = son of Shamash (sun god)
SAMSON fl.550
Esgob a sant o Gymru a sefydlodd abaty Dôl yn Llydaw | Welsh bishop and saint who established abbey at Dôl in Brittany

●   **SANANT**
Mam Elisedd, Brenin Powys, a gwraig Maelgwn Gwynedd | Mother of Elisedd, King of Powys, and wife of Maelgwn Gwynedd

† **SANNAN**
O'r Lladin, *sanctus*. Nant yn Sir Ddinbych. Un o dri sant Llantrisant, Môn

From the Latin, *sanctus*. Stream in Denbighshire. One of three saints of Llantrisant, Anglesey

● **SARA**
O'r Hebraeg, = tywysoges

From Hebrew, = princess. ("Sarah")

● **SARAN**
Santes Wyddelig

Irish Saint

† **SAWEL**
Ffurf o "Samuel". Sant o'r 6ed ganrif, brawd Dunawd Fyr. Tad Asaff o Lanelwy. Llansawel yng Nghaerfyrddin a Morgannwg

Form of "Samuel". 6th century saint, brother of Dunawd Fyr. Father of St. Asaph of Llanelwy. Llansawel in Carmarthenshire and Glamorgan

† **SEFNYN**
Bardd o Fôn, 14eg ganrif

Poet from Anglesey, 14th century

† **SEIMON**
Enw Beiblaidd

Biblical name —"Simon"

† **SEIRIAN**
= sparkling

† **SEIRIOL**
Sylfaenydd eglwys Penmon, Môn, 6ed ganrif. Cyfaill i Cybi, cyfyrder i Maelgwn Gwynedd; dydd gŵyl, Chwefror 1

Founder of Penmon church, Anglesey, 6th century. Friend of Cybi, second cousin to Maelgwn Gwynedd; celebrated, February 1

† **SEISYLL**
gw."Seisyllt"

v."Seisyllt"

SEISYLL AP CLYDOG fl.730
Brenin cyntaf Ceredigion ac Ystrad Tywi unedig

First king of joint Ceredigion and Ystrad Tywi

† **SEISYLLT**
O'r Lladin *Sextilius*

From the Latin *Sextilius*

SEISYLLT AP CLYDOG fl.925
Arglwydd Gwynedd

Lord of Gwynedd

SEISYLLT AP DYFNWAL —1175
Lladdwyd yn Abergyfenni

Killed at Abergavenny

† **SEITHENNYN**
Gwyliwr Cantre'r Gwaelod, a orlifwyd gan y môr —Bae Ceredigion

Watchman of Cantre'r Gwaelod, which was flooded by the sea —Cardigan Bay

† **SELWYN**
sêl = ardour + *gwyn* = white, or from Old English *sele* = horse + *wine* = friend
Gall fod o'r Hen Saesneg, *sele* = ceffyl, *wine* = cyfaill

† **SELYF**

Ffurf o "Solomon". O'r Hebraeg, = gŵr bach o heddwch neu addolwr y duw Salmon. Tad Cybi sant tua 500

SELYF AP CYNAN
Arweiniodd y Cymry ym mrwydr Caer, a marw yno, 613 (neu 7)

Form of "Solomon". From Hebrew, = small man of peace or worshipper of the god Salmon. Father of Cybi, around 500

He led th Welsh in the battle of Chester, and died there, 613 (or 7)

†● **SEREN**

O'r Lladin, = tawel neu = seren

From the Latin, = still or = star

† **SETH**

Hebraeg, = iawndal. Un o feibion Adda ar ôl marw Abel

Hebrew = compensation. One Adam's sons after death of Abel

● **SIÂN**

Ffurf fenywaidd "Siôn"

Feminine form of "Siôn". English "Jane"

● **SIANI**

Bychanig o "Siân"

Diminutive of "Siân"

† **SIARL**

Saesneg "Charles", o'r Hen Almaeneg *carl* = dyn

English "Charles", from Old German *carl* = man

† **SIEFFRE**

Saesneg "Geoffrey", o Hen Almaeneg, = tir, teithiwr neu lw heddwch

SIEFFRE O FYNWY 1090?-1155
Esgob Llanelwy a chroniclydd

English "Geoffrey" from Old German, = land, traveller or pledge of peace

Geoffrey of Monmouth, bishop of Llanelwy (St. Asaph) and chronicler

† **SIENCYN**

Seisnigwyd yn "Jenkin". Enw a ddaeth gyda'r Fflemiaid. (Ffurf o "Siôn" + bychanig)

Anglicized as "Jenkin". The name came with the Flemish. (Form of "John" + diminutive)

† **SILYN**

Cwm Silyn, Sir Gaernarfon

R.SILYN ROBERTS 1871-1930
Gweinidog a gweithiwr cymdeithasol

Cwm Silyn, Caernarfonshire

Minister and social worker

† **SIMWNT**

Neu "Simwn". gw. "Seimon"

SIMWNT FYCHAN c.1530-1606
Bardd o Ddyffryn Clwyd

Or "Simwn". v."Seimon"

Poet from Vale of Clwyd

† **SIÔN**

Ffurf o "Ioan", Saesneg "John"

SIÔN CENT 1367?-1430?
Bardd

Form of "Ioan", English "John"

Poet

● SIONED
Bychanig "Siân", neu ben-
ywaidd "Siôn"

Diminutive of "Siân" or
feminine of "Siôn"

† SIONI
Bychanig "Siôn"

Diminutive of "Siôn"

SIONI SGUBORFAWR (John Jones) fl.1811-58
Un o derfysgwyr Rebeca

One of Rebeca rioters

† SIONYN
Amrywiad o "Siôn"

Variant of "Siôn"

† SIÔR
Saesneg "George" a ddaeth
o'r Roeg, = ffarmwr

English "George" which came
from the Greek, = farmer

● SIRIOL
= cheerful

● SIWAN
Saesneg "Joan". Merch
John, Brenin Lloegr, gwraig
Llywelyn Fawr, 13eg ganrif

English "Joan". Daughter of
John, king of England, wife of
Llywelyn Fawr, 13th century

† STEFFAN
Saesneg "Stephen". O'r
Roeg, = coron. Y merthyr
Cristnogol cyntaf. Llan-
steffan, Sir Gaerfyrddin

English "Stephen". From
Greek, = crown. The first
Christian martyr. Llansteffan,
Carmarthenshire

† SULIEN
sul = sun + *geni* = born
Duw haul y Celtiaid. Sant
Celtaidd cynnar, 6ed
ganrif. Esgob Tŷ Ddewi,
1011-91, tad Rhygyfarch

Celtic sun god. Early Celtic
saint, 6th century. Bishop of
St. David's, 1011-91, father of
Rhygyfarch

● SULWEN
Sul = sun/Sunday + *gwen* = white

† SULWYN
Sul = sun/Sunday + *gwyn* = white
Sulgwyn = whitsun

T

† TALFAN
tal = tall + *ban* = beacon

† TALFRYN
tal = tall + *bryn* = hill

† TALHAEARN
tal = tall or *tâl* = brow + *haearn* = iron
Un o'r 3 bardd enwog ym
marddoniaeth Cymru'r 6ed
ganrif

One of the 3 famous poets in
Welsh poetry of 6th century

TALHAEARN (John Jones) 1810-70
Bardd   Poet

*Cartŵn am Dalhaearn
(allan o "Bro")*

† **TALIESIN**
tâl = brow + *iesin* = radiant
Bardd o'r 6ed ganrif, cyfoes-
wr i Aneirin. Canodd i Urien
Rheged
  Poet of 6th century, contem-
  porary of Aneirin. Sang to
  Urien Rheged

† **TALOG**
Pentref yng Ngwynedd   Village in Gwynedd

† **TANAD**
Afon yn codi ar Ferwyn   Stream rising on the Berwyn

† **TANAT**
Dyffryn Tanat, ffurf o   Vale of Tanat, form of
"Tanad"   "Tanad"

† **TANGNO**
tang — tangnefedd = peace
COLLWYN AP TANGNO fl.1020
Sylfaenydd un o 15 teulu pendefigol Founder of 1 of 15 noble families of
Cymru   Wales

● **TANGWEN**
tang = peace + *gwen* = white

Crybwyllir yn *Culhwch ac* Mentioned in *Culhwch ac*
Olwen   *Olwen*

† **TANGWYN**
tang = peace + *gwyn* = white

● **TANGWYSTL**
tang = peace + *gwystl* = hostage, pledge
Weithiau "Tanglws(t)". Sometimes "Tanglws(t)".
Merch Brychan, gwraig Daughter of Brychan,. wife of
Cyngen ap Cadell. Ynys- Cyngen ap Cadell. Ynys-
tanglws, Abertawe   tanglws, Swansea

● **TANWEN**
tân = fire + *gwen* = white

† **TATHAL**
Cyfeirir ato yn *Culhwch ac* Mentioned in *Culhwch ac*
Olwen. Ffurf Wyddeleg am *Olwen*. Irish form for
"Tudwal"   "Tudwal"

† **TATHAN**
Sant o'r 5ed ganrif. Nawdd- 5th century saint. Patron saint
sant Caerwent; dydd gŵyl, saint of Chepstow; celebrated,
Rhagfyr 26. Sain Tathan, December 26. St.Athans,
Morgannwg   Glamorgan

† **TAWE**
Afon Tawe, Morgannwg River Tawe, Glamorgan

87

† **TECWYN**
teg = fair + *gwyn* = white

Sant cynnar, dilynydd Sant Cadfan. Llandecwyn, Sir Feirionnydd

Early saint, follower of St. Cadfan. Llandecwyn, Merionethshire

†● **TEGAI**

Sant cynnar. Llandygai, Gwynedd

Early saint. Llandygai, Gwynedd

● **TEGAN**
teg = fair + diminutive *an*

Sant cynnar. Afon yng Ngheredigion

Early saint. Stream in Ceredigion. (Meaning today = toy)

TEGAN EURFRON
Arwres chwedlonol, gwraig Caradog Freichfras

Legendary heroine, wife of Caradog Freichfras

● **TEGAU**

Ffurf posibl o "Tegan"

Possible form of "Tegan"

● **TEGEIRIAN**
teg = fair + *eirian* = beautiful = orchid

† **TEGFAN**
teg = fair + *ban* = summit or *man* = place

Crybwyllir yn *Culhwch ac Olwen*

Mentioned in *Culhwch ac Olwen*

● **TEGFEDD**
Chwaer Tydecho

Sister of Tydecho

† **TEGFRYN**
teg = fair + *bryn* = hill

† **TEGID**
O'r Lladin "Tacitus", neu = prydferth. Hen dad-cu Cunedda. Llyn Tegid, Meirionnydd

From Latin, "Tacitus", or *teg* = fair. Great grandfather of Cunedda. Llyn Tegid = Bala Lake

TEGID FOEL
Roedd yn byw yn Llyn Tegid, yn ôl chwedl *Taliesin*. Tad Morfran

He lived in Llyn Tegid, father of Morfran, according to the tale *Taliesin*

TEGID AP TEITHWALCH
Brenin Brycheiniog, 8fed ganrif, gelyn i Offa

King of Brecon, 8th century, enemy of Offa

† **TEGLA**
Llandegla, Clwyd

Llandegla, Clwyd

E. TEGLA DAVIES 1880-1967
Nofelydd a gweinidog

Novelist and minister of religion

Tegla

Twm o'r Nant

† **TEGRYN**
Endearing *ty* + *Egryn*
Llanegryn, Gwynedd   Llanegryn, Gwynedd

● **TEGWEDD**
teg = fair + *gwedd* = appearance

† **TEGWEL**
gw. "Degwel"   v. "Degwel"

† **TEGWYN**, ● **TEGWEN**
teg = fair + *gwyn* = white

● **TEIDDWEN**
Endearing *ty* + *Eiddwen*

†● **TEIFI**
Afon Teifi, Aberteifi   River Teifi, Aberteifi
                              (Cardigan)

† **TEIFION**
Amrywiad o "Teifi", neu   Variant of "Teifi", or
ty anwes + *Eifion*   endearing *ty* + *Eifion*

† **TEIFRYN**
Teifi + *bryn* = hill

† **TEILO**
Sant o'r 6ed ganrif, a   6th century saint, who worked
weithiai yn Ne Cymru a   in South Wales and Brittany.

Llydaw. Llandeilo, Dyfed   Llandeilo, Dyfed

† **TELERCH**
Tredelerch, ger Caerdydd   Tredelerch, near Cardiff

● **TELERI**
Endearing *ty* (= your) + *Eleri*
Afon yn Nyfed a Sir Fynwy.   River in Dyfed and Gwent.
Crybwyllir yn *Culhwch ac*   Mentioned in *Culhwch ac*
Olwen   *Olwen*

† **TELOR**
telori = sing

† **TERFEL**
gw. "Derfel"   v. "Derfel"

† **TERWYN**
têr = bright + *gwyn* = white

● **TESNI**
= warmth

† **TEWDRIG**
Tadcu Brychan, Tad Meurig,   Grandfather of Brychan,
brenin Glywysing   Father of Meurig, king of
                              Glywysing (Glamorgan)

† **TEWDWR**
gw. "Tudur"   v. "Tudur"

† **TEYRNON**
Arglwydd Gwent Is-coed yn y *Mabinogi*. Dychwel Pryderi i Pwyll a Rhiannon. Y brenin mawr yng nghrefydd y Celtiaid

Lord of Gwent Is-coed in the *Mabinogi*. Returns Pryderi to Pwyll and Rhiannon. The great king in Celtic religion

† **TIMOTHEUS**
O'r Roeg, = anrhydedd + duw. Enw Beiblaidd

From Greek, = honour + god. Biblical name —"Timothy"

● **TIRION**
= gentle, happy

† **TOMI**
Bychanig o "Tomos"

Diminutive of "Tomos" ("Tommy")

† **TOMOS**
O'r Aramaeg, = gefaill. Un o'r 12 apostol

From Aramaic, = twin. One of 12 apostles

TOMOS GLYN COTHI (Thomas Evans) 1764-1833
Gwas ffarm, bardd a llenor

Farm worker, poet and writer

† **TRAHAEARN**
tra = great + *haearn* = iron

TRAHAEARN BRYDYDD MAWR
Bardd o'r 14eg ganrif

Poet of 14th century

TRAHAEARN AP CARADOG — 1081
Brenin Gwynedd

King of Gwynedd

† **TREBOR**
Amrywiad o "Robert" neu "Trefor"

Variant of "Robert" or "Trefor"

† **TREFOR**
tref = home or town + *mor* = great or sea

Sawl enw lle

Name of many places

TUDUR TREFOR AB YNYR fl.950
Sylfaenydd un o 15 teulu bonheddig Cymru

Chief of one of 15 noble families of Wales

† **TRYFAN**
Intensifying *try* + *ban* = peak

Mynydd yng Ngwynedd

Mountain in Gwynedd

† **TRYSTAN**
= sound or sad

Arwr y chwedl *Trystan ac Esyllt*

Hero of the tale *Trystan ac Esyllt*

† **TUDFOR**
tud = land, tribe + *mor* = great or sea

● **TUDFUL**
Santes, merch Brychan; merthyrwyd hi ym Merthyr Tudful yn ôl y traddodiad

Saint, daughter of Brychan; she was martyred at Merthyr Tudful according to the tradition

† TUDFWLCH

TUDFWLCH FAB CILYDD
Aeth i Gatraeth (gw.Aneirin — "Trawai ef Saeson bob un o'r saith dydd")

Went to Catraeth (v.Aneirin —"He struck Englishmen every one of the seven days")

† TUDNO
Sant; Llandudno

Saint; Llandudno

† TUDRI
tud = land, tribe + *rhi* = ruler
gw."Tudur"

v."Tudur"

† TUDRIG
Fel "Tudur" neu o'r Roeg, = rhodd Duw. Brenin Gwent, 5ed ganrif

As "Tudur", or from Greek = gift of God. King of Gwent, 5th century

† TUDUR
Enw Celtaidd, Teutorigos, genidol = Teutoris, felly "Tudur" neu "Tudri"

Celtic name, Teutorigos, genitive form = Teutoris, thus "Tudur" or "Tudri"

HARRI TUDUR
Harri'r VIIfed a gipiodd goron Lloegr yn 1485

Henry VIIth who took crown of England in 1485

TUDUR ALED fl.1480-1526
Bardd o Lansannan

Poet from Llansannan

GWILYM TUDUR fl.1960-70
Cyfalafwr o'r 20fed ganrif

20th century capitalist

† TUDWAL
tud = country, tribe, + *gwal* = ruler

TUDWAL BEFR
Esgob tua 600

A bishop around 600

† TWELI
Afon Tyweli ger Allt Walis, Caerfyrddin; efallai o *dywal* = dewr, ffyrnig, neu *diwel* = arllwys. Dywel ab Erbin, arwr a gladdwyd yng Nghaeo

Tyweli river near Allt Walis, Carmarthenshire; perhaps from *dywal* = brave, fierce, or *diwel* = pour. Dywel ab Erbin, hero buried at Cayo

† TWM
Bychanig o "Tomos"

Diminutive of "Tomos"

TWM O'R NANT (Edward Thomas) 1739-1810
Bardd ac anterliwtiwr

Poet and writer of plays

TWM SION CATI c.1530-1609
Tirfeddiannwr, hynafiaethydd, bardd, y tyfodd chwedlau o'i gwmpas

Landowner, antiquarian and poet, around whom tales of banditry grew

TWM CARNABWTH
Un o arweinwyr Terfysg Rebeca

One of the leaders of Rebecca riots

† TWYNOG
Fferm Maestwynog, ger Llanwrda, Caerfyrddin

Maestwynog, farm near Llanwrda, Carmarthenshire

THOMAS TWYNOG JEFFREYS 1844-1911
Bardd

Poet

● TYBIE
Santes, merch Brychan. Llandybie, Caerfyrddin

Saint, daughter of Brychan. Llandybie, Carmarthenshire

† **TYBION**
Ffurf o "Tybie" neu "Dybion"

Form of "Tybie" or "Dybion"

† **TYDECHO**
Sant Celtig o'r 6ed ganrif

Celtic saint of 6th century

† **TYFRIOG**
Bychanig "Briafael"

Diminutive of "Briafael"

† **TYSILIO**
Sant o'r 7fed ganrif, mab Brochfael brawd Cynan Garwyn, tywysog Powys. Llantysilio, Môn

7th century saint, son of Brochfael, brother of Cynan Garwyn, prince of Powys. Llantysilio, Anglesey

† **TYSUL**
Ffurf anwes o "Sulien", enw sant. Llandysul, Ceredigion

Endearment of "Sulien", name of saint. Llandysul, Ceredigion

† **TYWI**
Afon Tywi, Caerfyrddin

River Tywi, Carmarthenshire

† **TYWYN**
= ray or sea-shore
Tref yng Ngwynedd

Town in Merionethshire

U

● **UNDEG**
= fair one

† **UNGOED**
un = one + $coed$ = trees(?)

† **URIEN**
Brythoneg "Urbigenos", = wedi'i eni'n efaill

Brythonic "Urbigenos", = twin-born

URIEN RHEGED AP CYNFARCH
Arweinydd y Brython yn y 6ed ganrif yn yr Hen Ogledd

Leader of the Britons in the 6th century in Northern England, south Scotland

W

† **WALDO**
Hen Saesneg *wealdtheof*; *weald* = grym, *theof* = lleidr. Gotheg *valdan* = teyrnasu

Old English *wealdtheof*; *weald* = power, *theof* = thief. Gothic *valdan* = rule

WALDO WILLIAMS 1904-71
Bardd a chenedlaetholwr

Poet and nationalist

† **WATCYN**
Weithiau "Gwatcyn". O'r Fflemeg

Sometimes "Gwatcyn". From Flemish

Watcyn Wyn

Waldo Williams

WATCYN POWEL c.1600-55
Bardd, gŵr bonheddig, achydd Poet, nobleman, linealogist
WATCYN WYN (Watkin H. Williams) 1844-1903
Bardd, pregethwr, athro Poet, preacher, teacher

†   **WEDROS**
Caerwedros, Ceredigion Caerwedros, Ceredigion

●   **WENA**
Talfyriad o "Awena", Short for "Awena",
"Morwena" etc. "Morwena" etc.

†   **WIL**
Bychanig o "Gwilym" Diminutive of "Gwilym"
 ("Will")

WIL IFAN
Bardd telynegol, 20fed ganrif Lyrical poet, 20th century

†   **WILIAM**
O'r Saesneg, "William" From the English, "William"
WILIAM LLŶN 1534/5-80
Bardd Poet

†   **WMFFRE**
Hen Saesneg "Hunfrith", Old English "Hunfrith", *Huni*
Huni = cawr + *frith* = = giant + *frith* = peace
heddwch

†   **WYN**
Amrywiad o "Gwyn" Variant of "Gwyn"

†   **WYRE**
Cwm yng Ngheredigion Valley in Cardiganshire

y

†   **YNYR**
O'r Lladin "Honorius". From Latin "Honorius". A
Amrywiad arno yw "Emyr" variation of the name is
Mab Cynfelyn, 4edd ganrif. "Emyr". Son of Cynfelyn,
Daeth meibion Ynyr 4th century. Sons of Ynyr
Llydaw i Gymru yn y 6ed Llydaw (Brittany) came to
ganrif, llawer ohonynt yn Wales in 6th century, many of
saint them saints

† YSFAEL

Un o feibion Cunedda

Son of Cunedda

† YSTWYTH

= supple

Afon, Aberystwyth

River, Aberystwyth

DIOLCH

Carwn ddiolch i Gareth Bevan MA, Golygydd *Geiriadur Prifysgol Cymru*, am sawl awgrym gwerthfawr.

I should like to thank Gareth A.Bevan, MA, Editor of the Dictionary of the University of Wales, for many valuable suggestions.

LLYFRYDDIAETH

Gellir cael manylion pellach am lawer o'r enwau yn y llyfr hwn mewn llyfrau sy'n ymwneud â hanes a llenyddiaeth Cymru. Dyma restr fer o rai llyfrau defnyddiol.

Further information on many of the names in this book can be found in books on Welsh history and literature. Here is a short list of useful books.

DAVIES, T.R., **A Book of Welsh Names**, London, 1952.
EVANS, G., **Aros Mae**, Abertawe, 1971 (translated as **Land of My Fathers**)
GUEST, C., **The Mabinogion**, London, 1937.
JENKINS, R.T. ac eraill (gol.), **Y Bywgraffiadur Cymreig hyd 1940**, Llundain, 1953.
JONES, G. & JONES, T., **The Mabinogion**, London, 1970.
JONES, T., (gol.), **Brut y Tywysogyon**, Caerdydd, 1941.
MacCANA, P., **Celtic Mythology**, London, 1970.
MORRIS-JONES, J. & PARRY-WILLIAMS, T.H. (gol.), **Llawysgrif Hendregadredd**, Caerdydd, 1933.
PARRY, T., **Hanes Llenyddiaeth Gymraeg**, Caerdydd, 1944.
RICHARDS, M. (gol.), **Breudwyt Ronabwy**, Caerdydd, 1948.
THOMAS, G. (gol.), **Yr Aelwyd Hon**, Llandybie, 1970.
THOMAS, R.J., **Enwau Afonydd a Nentydd Cymru**, Caerdydd, 1938.
WITHYCOMBE, E.G., **The Oxford Dictionary of English Christian Names**, 1977.
WILLIAMS, I., **Enwau Lleoedd**, Lerpwl, 1945.

Language books, songbooks, cookbooks, art books, political books . . .

... poetry, plays, posters, greetings cards, even T-shirts—all in our new 48-page full-colour Catalogue! Send now for your free copy—or simply look it up on the Internet!

yl Lolfa

Talybont, Ceredigion, SY24 5AP, Cymru/Wales
e-mail ylolfa@ylolfa.com
www http://www.ylolfa.com
tel (01970) 832 304
fax 832 782
isdn 832 813